W0220105

oekom

ClimatePartner°
klimaneutral
Verlag | ID: 128-50040-1010-1082

Selbstverpflichtung zum nachhaltigen Publizieren

Nicht nur publizistisch, sondern auch als Unternehmen setzt sich der oekom verlag konsequent für Nachhaltigkeit ein. Bei Ausstattung und Produktion der Publikationen orientieren wir uns an höchsten ökologischen Kriterien. Dieses Buch wurde auf 100 Prozent Recyclingpapier, zertifiziert mit dem FSC®-Siegel und dem Blauen Engel (RAL-UZ 14), gedruckt. Auch für den Karton des Umschlags wurde ein Papier aus 100 Prozent Recyclingmaterial, das FSC®-ausgezeichnet ist, gewählt. Alle durch diese Publikation verursachten CO_2-Emissionen werden durch Investitionen in ein Gold-Standard-Projekt kompensiert. Die Mehrkosten hierfür trägt der Verlag. Mehr Informationen finden Sie unter: http://www.oekom.de/allgemeine-verlagsinformationen/nachhaltiger-verlag.html.

Bibliografische Information der Deutschen Nationalbibliothek:
Die Deutsche Nationalbibliothek verzeichnet diese Publikation
in der Deutschen Nationalbibliografie; detaillierte bibliografische
Daten sind im Internet über http://dnb.d-nb.de abrufbar.

2. Auflage
© 2017 oekom verlag München
Gesellschaft für ökologische Kommunikation mbH
Waltherstraße 29, 80337 München

Lektorat: Uta Ruge
Korrektorat: Maike Specht
Umschlaggestaltung: Andrew Corbett Design
Satz: Markus Miller, München
Druck: GGP Media GmbH, Pößneck

Alle Rechte vorbehalten
978-3-96006-843-0

FSC www.fsc.org
RECYCLED
Papier aus Recyclingmaterial
FSC® C011862

Felix Ekardt

Wir können uns ändern

Gesellschaftlicher Wandel jenseits von Kapitalismuskritik und Revolution

Inhalt

Kerngedanken und Vorwort

Sind Gene, Kapitalismus, Machtpolitik oder mangelnde Bildung schuld, wenn die Transformation zu einer nachhaltigen Gesellschaft Schiffbruch erleidet? Oder wenn mal wieder mein Plan scheitert, weniger Fleisch und Süßigkeiten zu essen? Was treibt Menschen und Gesellschaften an, was ermöglicht Wandel, und was blockiert ihn? Das sind Fragen, die im Zentrum des Nachdenkens über Politik, Zukunft und den einzelnen Menschen stehen. Die Krise der EU oder der folgenlose Dauertalk über Nachhaltigkeit – just die Gebildeten sind die größten Umweltsünder – bleiben ein Rätsel, wenn man einseitig bei Kapitalismuskritik oder Hirnforschung stehen bleibt. Versteht man insbesondere menschliche Gefühle und die eher unbewussten und zugleich wandelbaren Vorstellungen von Normalität besser, lassen sich gesellschaftlicher und individueller Wandel verstehen und sogar konstruktiv ermöglichen. Und zwar ohne eindimensional alles auf »den« Kapitalismus zu schieben oder in eine modische, aber folgenlose Revolutionsrhetorik zu verfallen. Dieses Buch liefert dazu eine kompakte wie ganz neue Wege einschlagende Analyse.

Historische Beispiele gelungener oder gescheiterter Veränderungen helfen ebenfalls beim Verständnis. Wie kam eigentlich das Wachstum in die Welt? Wie konnte sich schrittweise die heutige Stellung von Technik im menschlichen Leben etablieren? Und wie entstand die heutige Nutzung (oder vielmehr Übernutzung) der Natur und des Planeten Erde? Und ist das Aufkommen totalitärer Regime im 20. Jahrhundert wirklich allein über autoritäre Kulturtraditionen, Wirtschaftskrisen, Gewalteinsatz und scheinbar charismatische Führerpersönlichkeiten erklärbar? Erst wer dies versteht, hält auch den Schlüssel zum gesellschaftlichen und persönlichen Wandel in der Hand.

Fundamental nötig für ein weiterführendes Nachdenken über Wandel ist, dass die Einseitigkeit und wechselseitige Ignoranz der verschiedenen verhaltenswissenschaftlichen Fächer endet. Ökonomen, Ethnologen, Hirnforscher, Genforscher, Kulturwissenschaftler, Psychologen, Soziologen und andere – sie alle haben Wichtiges zu den Triebkräften menschlichen Verhaltens zu sagen und dazu, wie aus Verhaltensantrieben beim Einzelnen und in der Gesellschaft Handlungen und Strukturen hervorgehen. Wandel kann gelingen. Nicht mit einer Ratgeber-Zauberformel darüber, wie man politische Hegemonien verschiebt, genügsamer wird, seine Ehe rettet, abnimmt oder seine Dates verdoppelt. Dafür dann aber wirklich.

Zu den nötigen Einsichten über Wandel gehört indes auch, dass man manche Dinge nicht oder kaum ändern kann, weder als Gesellschaft noch als Einzelner. Die Grundstruktur menschlicher Gefühle lässt sich nur schwer verändern, ebenso wie die überwiegend (nicht ausschließlich) eigennützige Richtung unseres Tuns und Lassens. Dagegen sind unsere Werthaltungen und Normalitätsvorstellungen beweglich – und auch was ganz konkret als eigennutzenförderlich angesehen wird, ist beeinflussbar. In all diesen Aspekten steckt eine große Portion Kultur, auch wenn menschliche Grundstrukturen teilweise der Evolutionsgeschichte entstammen. Tut man sich zusammen, hinterfragt man, ändert man politische Anreizstrukturen für Eigennutzenkalküle und Normalitätsvorstellungen, kann sich im Großen ziemlich viel bewegen. Und auch im Kleinen kommt man weiter, wenn man die gerade emotional grundierten Fallstricke durchschaut, die da lauern, wenn ich mir vornehme, meine Ernährung umzustellen oder immer morgens um sechs joggen zu gehen.

Das sind zentrale Gedanken dieses Buches. Es fasst für ein breiteres Publikum Aspekte der Arbeit meiner Forschungsstelle Nachhaltigkeit und Klimapolitik aus den letzten Jahren zusammen.[1] Das Ganze reicht zurück bis zum Mai 1997, als ich über die Ursachen mangelnder Nachhaltigkeit zu promovieren begann. Ins Zentrum stelle ich diesmal die Verhaltensanalyse, wogegen Politikinstrumente, Ethik und Recht der Nachhaltigkeit nur kurz nochmals berührt werden. Das Buch möchte gesellschaftlichen Wandel als

Phänomen verstehen. Und es möchte aufzeigen, inwieweit Wandel bewusst herbeigeführt werden kann, sei es beim Einzelnen oder kollektiv in Gesellschaften. Veränderung versteht, wer die Antriebe menschlichen Verhaltens versteht. Und Gesellschaften versteht, wer einzelne Menschen versteht.

Mit diesem nüchternen Blick darauf, was uns antreibt und bremst, einerlei ob wir Bürger, Politiker oder Unternehmer sind, mache ich mich vielleicht unbeliebt. Denn ich lasse diverse Ausreden dafür nicht gelten, dass wir uns oft eher im Schneckentempo wandeln – als Einzelne und als Gesellschaft. Bei der strauchelnden Energie- und Klimawende etwa hilft uns das beliebte USA- und China-Bashing wenig. Die EU und Deutschland sind ihrerseits keineswegs klar auf dem Weg zu nachhaltigen Lebens- und Wirtschaftsweisen. Das lässt sich auch erklären. Die tausendste Kapitalismuskritik – so wichtig sie in gewisser Hinsicht ist – reicht dafür allein jedoch nicht aus.

Es gibt wenig, was uns persönlicher berühren könnte als die Frage, was uns eigentlich antreibt, Dinge zu tun, uns zu entwickeln, allein und gemeinsam mit anderen, und welche oft wenig rühmlichen, keinesfalls auf rationaler Überlegung oder bewusster Entscheidung fußenden Hemmnisse uns dabei im Wege stehen. Mehr Nachhaltigkeit im Klimaschutz scheitert bisher weniger an mangelndem Wissen als vielmehr an überkommenen Vorstellungen von Normalität, an Gewohnheiten, Bequemlichkeit, Verdrängung und emotionalen Schwierigkeiten mit hochkomplexen und multikausalen Schädigungszusammenhängen. Und zwar bei Bürgern, Unternehmern und Politikern gleichermaßen. Neue Technik oder mehr Bildung sind zwar relevante Bausteine, sie können jedoch den Wandel zur Nachhaltigkeit nicht allein initiieren. Über all das zu reden, wie wir es in diesem Buch tun wollen, kann äußerst unangenehm werden. Man muss auf unsachliche Reaktionen gefasst sein. Aber diese Reaktionen und überhaupt jahrzehntelange Verhaltensbeobachtungen erzählen zugleich mehr als jedes verhaltenswissenschaftliche Laborexperiment darüber, was uns alltäglich am Wandel hindert – und was den Wandel am Ende dennoch ermöglichen könnte.

Teil I

Was ist das: gesellschaftlicher und individueller Wandel?

1

Ratgeber für Kindererziehung, Karriereerfolg oder Glück setzen voraus, dass wir uns einfach so verändern können

Ich fühle mich zu dick. Oder zu dünn. Meine Ehe ist mir zu langweilig. Oder zu aufregend. Meine Kinder sind zu lebhaft. Oder sie sind Couch-Potatoes. Wie oft denken wir im Alltag: Ich muss etwas ändern. Ich muss mich ändern. Oder wenn ich es richtig umfassend und einschneidend empfinde: *Ich muss mein Leben ändern*. Auch im Großen drängt sich uns mit Macht der Eindruck auf, dass ein fundamentaler Wandel nötig ist. Im Zeichen heraufziehender existenzieller Menschheitskatastrophen wie einer wieder unfriedlicher werdenden Welt oder des Klimawandels sagen wir oft sogar: *Wir* müssen unser Leben ändern. Und warum tun wir es nicht oder nur halbherzig? Sind Gene, Kapitalismus, Machtpolitik oder mangelnde Bildung schuld, wenn die Transformation zu einer nachhaltigen Gesellschaft nicht gelingt? Oder wenn mal wieder mein Plan scheitert, nicht ständig fettige Pommes zu essen?

Wir stehen heute vor einer Inflation vermeintlich wissender Vorschläge in der politischen Arena wie auch einer Ratgeberflut zu Erziehung, Beziehungsglück, Karriere oder Ernährung. Dabei setzen wir in Politikdebatten und höchst privaten Problemlagen ständig voraus, dass wir uns einfach so verändern können. Oder wir haben genau umgekehrt den diffusen Eindruck, dass alles nicht so einfach ist, die individuellen oder gesellschaftlichen Hindernisse zahlreich sind und sich dagegen irgendwie nichts ausrichten lässt. Zumindest die einfachen Rezepte aus der Ratgeberliteratur schlagen in der Tat oft schon dann fehl, wenn ich die einstudierten Tipps praktisch anwenden will. Beispielsweise um meine Hemmungen zu überwinden, auf der Straße mehr Frauen anzusprechen. Oder meine hyperaktiven Kinder mit Zauberhand in zarte Kätzchen zu verwandeln.

Und dennoch ist die Fragestellung als solche essentiell wie kaum eine andere. Wie bin ich der geworden, der ich bin? Und inwieweit kann ich mich in irgendeine gewünschte Richtung weiterentwickeln? Was macht mich so, wie ich bin? Wir alle können stundenlang Eindrücke und Meinungen dazu äußern, allerdings zu jedem Sachthema scheinbar ganz unabhängig von allen anderen möglichen Themen. Natürlich, denn meine Ehe, meine Kinder, meine Karriere und mein ökologisches Alltagsverhalten berühren ganz verschiedene Fragenkreise. Gerade diese Beispiele machen allerdings schnell deutlich, dass gleichzeitig Zusammenhänge bestehen. Dass der Zustand meiner Ehe und der meiner Kinder voneinander beeinflusst werden, ist offensichtlich. Und auch meine Öko-Performance ist kaum von meinen familiären Verhältnissen ganz zu trennen. Deshalb ist, wenn man Wandel verstehen und vielleicht sogar ermöglichen will, die allgemeinere Frage nötig, welche allgemeinen Faktoren Menschen überhaupt antreiben.

2

Auch politische Debatten über Kapitalismus, Nachhaltigkeit, Globalisierung handeln von Wandel – doch was sind dessen Bedingungen?

Nicht nur in meiner Ehe, meiner Kindererziehung und bei meinem Wunsch abzunehmen geht es um Veränderung. Auch in der Menschheitsgeschichte und in jedweder aktuellen politischen Debatte geht es darum: um den Wandel – wie er zu erklären ist und wie er möglich gemacht werden kann. Warum haben wir Kapitalismus in der Welt? Wo liegen die Ursprünge von Freiheit und Demokratie? Und hängt all das untereinander zusammen oder gerade nicht? Wie entstand der Nationalsozialismus? Welche Gründe gibt es für den Wahlsieg Donald Trumps? Natürlich sind das ganz unterschiedliche Themen. Doch man kann jeweils fragen, was Menschen persönlich und gemeinschaftlich dazu bringt, sich in eine bestimmte Richtung zu bewegen oder auch *nicht* zu bewegen. Und wenn man über Wandel etwas Verallgemeinerbares herausfinden und entwickeln möchte, was vielleicht auch eingefahrene Denkwege verlässt, wird man unterschiedliche Beispiele in Betracht ziehen müssen, um das Gemeinsame in ihnen (neben den vielen ganz unterschiedlichen Details) zu erkennen.

Wir werden noch genauer sehen, warum es bei alledem zwingend nötig ist, die gesellschaftliche und die persönliche Ebene gleichzeitig im Blick zu behalten (Kapitel 4). Kurz gesagt liegt das an zwei Dingen. Daran, dass sich die Frage des Wandels eben für die individuelle *und* für die gesellschaftliche Ebene stellt. Und daran, dass sich bei näherem Besehen zeigen wird, dass es die zwei Ebenen als vermeintlich getrennte Einheiten so gar nicht gibt.

Eine enorme aktuelle Brisanz entsteht dadurch, dass eine große Transformation zu einer Gesellschaft in den Grenzen ökologischer Tragfähigkeit ansteht, die auch unser Wirtschaftssystem womöglich stark verändern müsste. Es ist vielfältig aufgezeigt worden, dass es um die Nachhaltigkeit, also um die dauerhafte und globale Durchhaltbarkeit gewachsener Lebens- und Wirtschaftsformen, nicht zum Besten bestellt ist. Dies ist der Fall, obwohl gemäß dem naturwissenschaftlichen Erkenntnisstand einschneidende Maßnahmen naheliegend wären, will man katastrophale Folgen vermeiden.[2] Die Menschheit steht beim Klimawandel, der schleichenden Bodendegradation, der Wasserversorgung, der Ökosystem-Zerstörung, dem Meeresschutz und gestörten Stickstoff-Kreisläufen am Abgrund. Besonders offenkundig ist das beim Klimawandel, droht doch eine in den Folgen verheerende globale Erwärmung. Ursächlich dafür ist unsere Nutzung fossiler Brennstoffe für Strom, Wärme, Treibstoff, Kunststoffe und Mineraldünger. Wird die Erde wärmer, drohen Nahrungs- und Wasserknappheit, riesige Migrationsströme und Naturkatastrophen, Kriege um schwindende Ressourcen – und mit alledem auch verheerende volkswirtschaftliche Schäden. Der Klimawandel befeuert dabei die anderen Umweltprobleme wie Ökosystem- und Bodendegradation, und diese teilen mit dem Klimawandel zugleich die Hauptursache: den Einsatz fossiler Brennstoffe, der beispielsweise die Mineraldüngung und damit die konventionelle Landwirtschaft als Hauptverursacherin der anderen Umweltprobleme am Leben hält.

Es gibt also die brennende Notwendigkeit zum Wandel, und sowohl die Menschheit im Ganzen als auch wir im Alltag wissen sehr viel über das, was an Veränderung eigentlich nötig wäre. Und dennoch passiert wenig bis nichts. Insgesamt kommt die Transformation nur schleppend voran. Dabei ist Nachhaltigkeit, also ein dauerhaft und weltweit durchhaltbares Leben und Wirtschaften, vordergründig einfach: Die Umwelt darf nicht derart durch Treibhausgase, Schadstoffe und Abfälle als »Senke« beansprucht werden, und es müssen ihr weniger Ressourcen entnommen werden. Nachhaltigkeit dürfte sogar volkswirtschaftlich günstiger sein als unser bisheriger Weg, wenn man die langfristigen gesellschaftlichen Kosten einbezieht. Denn ein relativ großer Teil der ökologischen Herausforderungen könnte durch neue, einsatzbereite Technologien wie erneuerbare Energien oder Ressourceneffizienz bewältigt werden (näher Kapitel 6). Dennoch ist der technische Wandel bisher nur in sehr begrenztem Maße gelungen. Erst recht gilt dies für Verhaltensänderungen, also für das Entwickeln genügsamerer Lebensstile (Suffizienz), etwa bei Ernährung, Wärme, Mobilität oder Strom. Selbst neue Technik implementiert sich somit offenkundig nicht von allein, auch wenn mancher Naturwissenschaftler und Politiker dies wohl annimmt. Eine Analyse der Voraussetzungen einer (letztlich welt-) gesellschaftlichen Transformation hin zur Nachhaltigkeit ist somit zwingend nötig.

Doch nicht nur Klimawandel und andere Nachhaltigkeitsthemen erzwingen die Analyse der Bedingungen und der Steuerbarkeit gesellschaftlichen Wandels. Vielmehr steht jedes zentrale aktuelle oder historische Thema im Fadenkreuz dieser Fragestellung. Befasst man sich etwa mit den Entstehungsursachen des Nationalsozialismus und allgemein des Totalitarismus im 20. Jahrhundert, ist dies ebenso brennend – und ebenso vielstimmig sind die Erklärungsansätze. Wie konnte der seit dem späten 18. Jahrhundert im Westen beschrittene Weg zu mehr Freiheit, Humanität und Demokratie im 20. Jahrhundert so massiv ins Gegenteil verkehrt werden – und wie kann dies im »Trumputin«-Zeitalter aktuell Anflüge eines fatalen Revivals erleben? Reicht es, einfach auf ökonomisch Abgehängte, unheilvolle Versailler Verträge und kriegerische oder rassistische Kulturtraditionen sowie charismatische Führergestalten zu verweisen? Wohl nicht, denn allein damit lässt sich nicht erklären, wie ganze Völker ganz normaler netter Nachbarn zu Komplizen von Vernichtungskriegen werden konnten. Es herrscht also großer Klärungsbedarf.

3

»Gene«, »Kapitalismus«, »System«, »mangelnde Bildung« als Erklärung – Medienpräsenz schaffend, aber zu einfach?

Die Frage nach den Bedingungen gesellschaftlichen Wandels und nach seinen Hindernissen ist der Kern des Nachdenkens über Politik, die Zukunft und den einzelnen Menschen, nicht nur bei Nachhaltigkeitsfragen. Viele sehen indes keinen Diskussionsbedarf hinsichtlich dessen, was Veränderung auslöst und ermöglicht, sei es gesellschaftlich oder privat. Sie bieten vielmehr recht gradlinige Erklärungen an, und das in oft sehr unterhaltsamer Weise. Mal erklären die menschlichen Gene alles, mal die Hirnforschung, mal der wirtschaftliche Eigennutzen – respektive »der« Kapitalismus, die politische Macht oder die schwere Kindheit eines Diktators. Teils schon seit Jahrhunderten wechseln sich die Erklärungen ab je nach Mode und Disziplin. Soziologen können Ökonomen und Soziobiologen oft nicht ausstehen – und umgekehrt. Dieses Buch fragt, inwieweit einfach *alle* genannten Aspekte und nicht nur einzelne von ihnen relevant sind. Und dazu noch einige weitere, besonders bedeutsame Aspekte, die meist von allen gleichermaßen übersehen werden.

Die These ist, dass endlich Schluss sein muss mit einseitigen Aussagen darüber, was Wandel auslöst, wenn wir uns selbst als Menschen in unserer ganzen Komplexität verstehen wollen. Womöglich haben alle – Ökonomen, Ethnologen, Hirnforscher, Genforscher, Kulturwissenschaftler, Psychologen, Soziologen und andere – Wichtiges zu den Triebkräften menschlichen Verhaltens zu sagen. Und tragen zum Verständnis bei, wie aus Verhaltensantrieben individuelle und gesellschaftliche Handlungen und Strukturen hervorgehen (und nicht erst die Transformationsforschung, die seit einigen Jahren unter relativer Ausblendung jener Wissensbestände aufkommt).[3] Nur so können wir Wandel verstehen – und begreifen, ob wir auch gesellschaftlichen Wandel bewusst herbeiführen können. Und zwar einen, der nicht rückwärts läuft, wie es diverse populistische Tendenzen und Akteure dieser Tage von Trump über die Brexit-Befürworter bis zu Erdogan und Orban im Sinn haben.

Dahinter steckt auch ein massives Methodenproblem, das eine wichtige Ursache der Stimmenvielfalt und zugleich Ratlosigkeit in diesen Fragen ist: Wie kann man eigentlich herausfinden, was im Menschen vorgeht und was uns alltäglich antreibt? Wir kommen auch darauf noch zurück.

An dieser Stelle werden weitere Gefahren sichtbar. Wie man versucht sein kann, jegliches allgemeine Reden über die Bedingungen von Wandel in Einzelfallbetrachtungen aufzulösen, so kann man umgekehrt meinen, mit einer monokausalen Perspektive alles erklärbar zu machen. Sind der Kapitalismus oder unsere Evolutionsgeschichte der im Wesentlichen alleinige Urheber für alles, was sich in unserem kleinen Leben und in der Gesellschaft im Ganzen ereignet, wird das Leben und Denken angenehm einfach. Komplexes Nachdenken über Menschen und Gesellschaften erübrigt sich dann. Der damit befriedigte Wunsch nach einfachen Erklärungen scheint vielen gut zu passen. Etwa den Medien. Oder vielen Politikern. Die Welt wird einfacher, wenn mangelnde Nachhaltigkeit, Totalitarismus oder Trumpismus schlankweg Funktionen des Kapitalismus sind. Oder der menschlichen Gene. Allerdings finden sich sehr schnell Beispiele, die Zweifel an den simplen Zugängen wachsen lassen – so intelligent sie auch oft präsentiert werden. Beispielsweise findet sich mangelnde Nachhaltigkeit auch in nicht-kapitalistischen Gesellschaften. Und nicht alle kapitalistischen Gesellschaften werden automatisch irgendwann totalitär. Deshalb möchte dieses Buch breiter, unbequemer, dafür aber aussagekräftiger die Bedingungen von Wandel erörtern.

4

Verhaltensantriebe verstehen heißt Wandel verstehen, Menschen verstehen heißt Gesellschaften verstehen – und vielleicht Veränderung herbeiführen

Zu einer breit ansetzenden und zugleich neue Wege beschreitenden Analyse des Phänomens Veränderung gehört wie angekündigt auch, dass ich die Mauer zwischen persönlichen und gesellschaftlichen Vorgängen durchbrechen möchte. Womöglich klingt es für viele erst einmal überraschend, vielleicht gar in höchstem Maße irritierend, wenn meine alltäglichen Problemchen und das Weltgeschehen auf eine gemeinsame Frage zurückgeführt werden, eben auf die Bedingungen von Wandel. Intuitiv könnte man meinen: Dass ich selbst in meiner Ehe Probleme habe, liegt an meiner schweren Kindheit. Und dass Hitler an die Macht kam, liegt an autoritären, antisemitischen Kulturtraditionen, einem verlorenen Krieg und vielleicht noch an der Weltwirtschaftskrise. Aber könnte nicht selbst der Nationalsozialismus, so vielfältig und gewaltig seine Ursachen auch sein mögen, auch ein wenig mit Hitlers schwerer Kindheit zu tun haben? Und kann nicht auch eine Ehe an einer Weltwirtschaftskrise scheitern? Vielleicht wird man essentiell sagen können: Veränderung versteht, wer die Antriebe menschlichen Verhaltens versteht. Und Gesellschaften versteht, wer einzelne Menschen versteht.

Das dogmatische Unterscheiden einer Mikro- und einer Makroebene führt daher nicht weiter. Um nicht missverstanden zu werden: Es gibt offenkundig sehr viele Unterschiede zwischen dem Zweiten Weltkrieg der Nazis und meiner Ehe. Zum Beispiel, dass an letzterer deutlich weniger Leute beteiligt sind. Das schließt aber nicht aus, dass beide sich beeinflussen, wie wir oben bereits als Grund dafür erkannten, mehrere Themen parallel zu analysieren. Und es schließt auch nicht aus, dass Menschen stets strukturell dem gleichen Set von

Verhaltensantrieben folgen, einerlei ob sie sich in einem vermeintlichen Mikro- oder eher Makrobereich bewegen. Dieses Set von Verhaltensantrieben könnte allerdings etwas komplizierter sein, als es viele relativ aufgeregte Debatten über NS-Zeit, Kapitalismus oder Hirnforschung suggerieren.

Mit einer solchen These laufe ich freilich Gefahr, im Wissenschaftsdiskurs von einem allgegenwärtigen Kästchendenken erschlagen zu werden. Scheinbar muss man sich entscheiden, ob man gesellschaftliche Vorgänge auf Individuen zurückführt – oder ob man die Gesellschaft oder wenigstens strukturelle Teile der Gesellschaft als eine eigenständige, kollektive Sinneinheit begreift. Dass diese Mikro-Makro-Gegenüberstellung nicht weiterführt, wird hier am Beispiel von Nachhaltigkeitsfragen wie dem Klimawandel erörtert, indem wir uns die Frage stellen: Um welche Akteure geht es beim gesellschaftlichen Wandel eigentlich? Allein um »die Politik« mitsamt ihrem rechtsförmigen Instrumentarium? Oder um »die Unternehmen«? Oder die Bürgerinnen und Bürger? Oder die Lobbyverbände? Letztlich gehen der Klimawandel und die meisten Ressourcen- und Senkenprobleme auf viele kleine, für sich genommen scheinbar irrelevante Handlungen zurück, welche die meisten Menschen besonders in den Industriestaaten und in den Oberschichten der Schwellenländer jeden Tag vornehmen. Meist geschieht das, ohne besonders darüber nachzudenken, sei es beim Essen, beim Heizen, bei der Alltagsmobilität, bei der Urlaubsplanung oder auch bei größeren Entscheidungen wie der Wohnortwahl. Theoretisch könnte jeder Bewohner des globalen Nordens die Klima- und Energiewende ganz persönlich jeden Tag massiv voranbringen. Ich kann Urlaubsflüge vermeiden, auf motorisierten Individualverkehr verzichten, meinen Konsum tierischer Nahrungsmittel minimieren, wenig heizen oder wirksam wärmedämmen, energieeffiziente Produkte nutzen und im Stadtzentrum statt verkehrstreibend in der Peripherie wohnen, den verbleibenden Stromverbrauch aus klima- und ressourcenschonender Sonnenenergie decken, ganz generell weniger kaufen. Häuser können so gebaut sein, dass sie null Energiezufuhr brauchen und trotzdem im Winter warm sind. Und brauche ich die ganze in der Herstellung oft extrem energieaufwendige Küchen- und Unterhaltungselektronik wirklich? Und das ebenfalls sehr energieintensive Gewächshausobst im Winter?

Man könnte allerdings auch fragen: Warum erzwingt die Politik, die ebenso wie Bürgerschaft und Unternehmen ja aus Menschen mit allgemeinmenschlichen Verhaltensantrieben besteht, keine nachhaltigeren Lebens- und Wirtschaftsformen? Oder warum stellen Unternehmen nicht stärker auf nachhaltige Produkte um? Und hier kommt die Wechselwirkung ins Spiel. Zu einer bestimmten Wirtschaftsweise gehören immer Kunden, die viele und ständig neue Produkte kaufen, nicht nach den Produktionsumständen fragen und ökologisch vorbildlich hergestellte Produkte zu teuer finden. Ebenso gehören aber auch Unternehmen dazu, die den Kunden bestimmte Angebote machen oder nicht machen, Bedürfnisse nach Produkten wecken und ihren Absatz steigern wollen, ergo die Spirale von Wachstum und hohem Ressourcenverbrauch in Gang halten. Doch ist die Wechselbeziehung der Handelnden eben nicht so simpel, dass man sie in marxistischer Tradition einfach als einseitig herbeigeführte Ausbeutung und Entfremdung apostrophieren könnte. Produktion und Konsum sind, so suggestiv die Angebote auch sein mögen, nicht einfach einseitig erzwungen (zumal die Freiheitsgewinne moderner Gesellschaften allseits als angenehm erlebt werden), und viele kleine und größere Anbieter und Nachfrager spielen dabei eine Rolle.[4]

Eine ähnliche Wechselwirkung besteht zwischen Politikern und Wählern. Eine durchgreifende Nachhaltigkeitspolitik etwa hat nur dann eine Chance, wenn sie ein gewisses Maß an Unterstützung findet; dies dürfte selbst in Diktaturen ansatzweise gelten. Umgekehrt kann ich als Bürger eine solche Option nur dann direkt herbeiführen, wenn sie mir von politischen Akteuren auch offeriert wird, etwa bei Wahlen. Allerdings kann man auch selbst politisch aktiv werden. Und es ist auch niemand gesetzlich verpflichtet, Fleisch zu essen oder in den Urlaub zu fliegen, selbst wenn die rechtliche Erlaubnis (und das Absatzstreben der Unternehmen) ihren Anteil an diesen verbreiteten Wünschen haben. Ein weiteres Wechselspiel gibt es zwischen Medien und Politik, in welchem eine sukzessive Personalisierung, Inszenierung und Ästhetisierung von Politik zunehmend gesellschaftliche Diskurse über echte inhaltliche Probleme verdrängt.[5] Und es gibt weitere Wechselspiele: So ist die Politik heutzutage im internationalen Mehrebenensystem organisiert, so dass verschiedene Politikebenen sich untereinander wechselseitig antreiben oder behindern können – sowie sich mit Bürgern, Unternehmen und Lobbyverbänden gegenseitig beeinflussen oder ausbremsen.

Daran zeigt sich zunächst einmal, dass man mit einem komplexen Wechselspiel unterschiedlicher Handelnder rechnen muss. Negativ formuliert kann man hier auch von einem mehrfachen Teufelskreis zwischen politischen Entscheidungsträgern und Bürgern sprechen sowie zwischen Kunden und Unternehmen, die sich jeweils wechselseitig im Festhalten am Status quo anstelle einer Transformation zur Nachhaltigkeit bestärken. Diese Wechselbezüglichkeit erscheint trivial. Sie wird jedoch etwa in den Wirtschaftswissenschaften schlicht wegdefiniert mit der Behauptung, die Präferenzen von Menschen seien rein selbstbezüglich. So lassen sich dann zwar schöne Modelle kreieren, empirisch sind sie jedoch wenig weiterführend.

Wechselspiele gibt es ebenso bei alltäglichen Fragen. Wie meine Ehe läuft, hängt nicht nur von mir ab. Und auch nicht allein nur von mir und meiner Frau. Viele weitere Akteure, mein Beruf, mein weiterer Familienkreis, meine Lebensumstände oder gesellschaftliche Fragen können großen Einfluss haben. Gibt es beispielsweise klare Geschlechterrollen, dürfte meine Ehe anders ablaufen, als wenn es sie nicht gibt. Das kann man sagen, ohne dafür wie manche Soziologen vieldeutige Begriffe wie »Akteur« und »Netzwerk« und alle möglichen damit verknüpften Annahmen ins Spiel zu bringen.

Aber kann man trotz aller Wechselspiele wirklich über Wandel nachdenken, ohne eine klare Grenze zwischen persönlicher und kollektiver Ebene zu ziehen? Die Beispiele legen es nahe. Gleichwohl ist es ein alter Streit in den verhaltenswissenschaftlichen Disziplinen, ob man bei der Erklärung menschlicher Zustände zwischen der individuellen und der gesellschaftlichen Ebene unterscheiden muss.[6] Und doch führt jene Kontroverse in die Irre, die fragt, ob man individualistische (so etwa die meisten Ökonomen) oder kollektivistische Terminologien (so etwa einige Soziologen) verwenden oder beides kombinieren muss. Denn auch eine kollektive oder strukturelle Ebene würde wiederum die konkreten Motive von Menschen oder zusammenwirkenden Menschengruppen oder zumindest deren Nebenfolgen und aggregierte Handlungsfolgen ausdrücken. Umgekehrt ist jedes Individuum natürlich Produkt der Strukturen, in die es hineinsozialisiert wurde. Pointiert formuliert: Alle relevanten motivationalen Faktoren begegnen uns in uns selbst, aber auch in struktureller – aber eben wieder menschlicher – Verfestigung.

So sind politischer Machterhalt oder unternehmerische Kapitalakkumulation letztlich kollektivierte Varianten von Faktoren, die sich beispielsweise als Eigennutzenkalküle und Pfadabhängigkeit benennen lassen und die auch im individuellen Leben eine große Rolle spielen. Dass dem so ist und welche Faktoren es im Einzelnen sind, wird natürlich erst im Verlauf der weiteren Analysen bei der Vielzahl der betrachteten Aspekte voll deutlich. Ein weiterer Grund für das Fallenlassen des Redens von vermeintlich getrennter Mikro- und Makroebene ist, dass in letzter Instanz einfach unklar ist, wo die Grenze von der einen zur anderen verläuft. Am Kapitalismus bin ich beispielsweise jeden Tag mit meinen vermeintlich kleinen Handlungen beteiligt – ist das dann aber Mikro- oder Makroebene? Oder wenn politisch über eine einzelne Person gestritten wird, sagen wir über die Bundeskanzlerin – es bleibt notorisch unklar, was da nun mikro und was makro wäre. Natürlich kann man von gesellschaftlichem Wandel sprechen, wenn wir uns alle bewegen, oder von individuellem Wandel, wenn sich nur Einzelne bewegen. Das tue auch ich vorliegend. Die Vorstellung, dass das zwei total verschiedene Ebenen wären, trifft aber eben nicht zu.

Klar ist, dass nicht jeder soziale Zustand bewusst von jemandem gezielt herbeigeführt wurde. Den Klimawandel wollte so sicherlich keiner. Natürlich aggregieren sich Individuen zu Strukturen. Und Individuen handeln nicht zwangsläufig stets rational und bewusst, wie wir noch ausführlich sehen werden.[7] Ich rede hier also weder einem methodologischen Individualismus noch einem methodologischen

Kollektivismus das Wort, sondern gehe vielmehr davon aus, dass es sich dabei um eine empirisch nicht adäquate Gegenüberstellung handelt.[8] Pointiert könnte man sagen: Der einzelne Mensch ist gleichermaßen Ursache und Ausdruck sozialer Einflüsse und Zwänge. Wir werden im weiteren Verlauf sehen: Alle für menschliches Verhalten und damit für den Wandel relevanten Faktoren begegnen uns in uns selbst; sie treten uns aber auch gewissermaßen als Struktur gegenüber, sagen wir: als kapitalistische Gesellschaft. Wobei dahinter eben wieder andere Menschen stehen.

5

Mit hoher Komplexität ist zu rechnen – das Beispiel moderner, nicht-nachhaltiger Lebensstile und ihrer verschlungenen Entstehungsgeschichte

Man tut also gut daran, sich darauf einzustellen, dass die Erklärung von Wandel und damit von menschlichem Verhalten keine einfache Sache ist. Nur so kann Wandel verstanden und vielleicht ermöglicht werden. Ebenso muss natürlich der jeweilige Sachbereich genau erfasst werden. Denn dass es vielleicht allgemeine Faktoren gibt, die Verhalten und damit Wandel erklären, heißt nicht, dass man für deren Anwendung das jeweilige Problem nicht genau verstanden zu haben braucht, etwa den Klimawandel und die Fragen der Energiewende. Zu solchen Nachhaltigkeitsfragen hier einige weitere einleitende Überlegungen.

Nachhaltigkeit im vorliegend verwendeten Sinne meint bekanntlich die Erreichung eines dauerhaft durchhaltbaren und global praktizierbaren Lebensstils. Der bisherige industriestaatliche Zivilisationspfad kann nicht von allen Menschen weltweit und schon gar nicht von allen Generationen auf Dauer weiter so beschritten werden. Je länger wir diesen Weg fortsetzen und je mehr Menschen ihn imitieren, desto drastischer werden sich die Klimafrage und andere Umweltprobleme entwickeln. Es fehlt jenem Zivilisationspfad damit an Nachhaltigkeit. Energie und Klima markieren ein besonders zentrales Nachhaltigkeitsthema.[9] Es ist dabei etwas spezifisch Neues heutiger Problemlagen, dass das Zusammenleben von Menschen zeit- und raumübergreifend existenziellen Gefährdungen ausgesetzt ist.

Mit der Energie- und Klimapolitik ist es in Deutschland und der EU bisher nicht so weit her wie meist behauptet. Pro Kopf sind unsere Emissionen um den Faktor fünf oder zehn von nachhaltigen Zuständen entfernt. Und die – auf hohem Niveau – geschehenen statistischen Emissionsreduktionen seit 1990 werden von bloßen Emissionsverlagerungen ins Ausland übertroffen. Wer das nicht realisiert und stattdessen glaubt, Deutschland und die EU seien real – und nicht nur verbal – Umweltvorreiter, beginnt grundlose Debatten über einen vermeintlichen Wandel hin zu ökologisch bereits großartigen Zuständen. Die es nur leider noch gar nicht gibt. Will man die Katastrophe vermeiden, müsste man nach den Daten des Weltklimarates innerhalb weniger Jahre – nicht etwa erst bis 2050 – vollständig aus den fossilen Brennstoffen aussteigen. Weltweit.[10] Bei Strom, Wärme, Treibstoffen, Mineraldünger, Kunststoffen. Davon sind wir meilenweit entfernt.

Die vordergründige Hauptursache für fehlende Nachhaltigkeit ist der im Okzident hohe und auch in den Schwellenländern steigende Wohlstand. Zwar kann man auch aus Armut Wälder niederbrennen, und manche technische Umweltinnovationen brauchen auch erst einmal Kapital. In der Gesamtbilanz ist dieser Befund jedoch eindeutig. Damit stellt sich die Frage, wie der moderne Wohlstand und die fossile Gesellschaft (originär seit der industriellen Revolution) auf den Weg gebracht wurden und sich ausbreiten konnten. Die moderne Wirtschaft, Naturwissenschaft und Technik spielen dafür eine zentrale Rolle, ebenso wie geographisch günstige Bedingungen, ein modernes Rechtssystem, die menschenrechtliche Garantie der Freiheit und gerade der Eigentumsfreiheit, eine moderne Buchführung in Unternehmen, der Kolonialismus und weitere Faktoren bis hin zu diversen Einzelereignissen.

Dieses Buch hat indes nicht das Ziel, die Geschichte all jener Faktoren nachzuerzählen.[11] Es sollen vielmehr die Arten von Triebkräften verstanden werden, die individuell und kollektiv im Menschen wirksam sind und die auch erst erklären, warum Menschen zum Beispiel solch eine Wirtschaftsentwicklung in Gang setzen. Wir sehen das, wenn wir vorliegend nach und nach die einzelnen Faktoren des Wandels betrachten, die häufig einseitig von bestimmten Denkrichtungen betont werden – und wenn wir die Methoden betrachten, mit denen wir überhaupt in Erfahrung bringen können, was Menschen antreibt und damit Veränderung auslöst.

6

Falsche Alternativen: »Alle Probleme der Welt sind technisch lösbar« oder »Technik ist nutzlos«

Manche glauben, nach der Veränderung von Menschen und Gesellschaften brauche man nicht zu fragen. Probleme würden einfach durch neue Technologien gelöst. Dass das indes nicht bei allen menschlichen Problemen möglich ist, liegt auf der Hand. Nicht einmal in ökologischer Hinsicht reicht Technik, obwohl sie dort tatsächlich ein wesentlicher Teil der Lösung ist. Das gilt es zu erläutern. Die Energie- und Klimawende etwa handelt im Kern davon, die Quelle der Treibhausgasemissionen zu verschließen. Diese Emissionen resultieren größtenteils aus dem Einsatz fossiler Brennstoffe für Strom, Wärme, Treibstoff, Mineraldünger und weitere Nutzungen. Ersetzt man diese Brennstoffe durch erneuerbare, potenziell klimagasfreie Energien und eine bessere Energieeffizienz, hat man das Klimaproblem scheinbar rein technisch gelöst. Wozu da noch über individuellen und gesellschaftlichen Wandel reden?

Erneuerbare Ressourcen und Ressourceneffizienz als technische Perspektiven sind damit in der Tat für die Energie- und Klimawende und überhaupt für die Lösung von Umweltproblemen wichtig. Daneben bedarf es jedoch auch der Suffizienz, also der Verhaltensänderungen im Sinne von mehr Genügsamkeit. Nicht nur technisch besser Autofahren, sondern weniger Autofahren sozusagen. Oder im globalen Süden: die Zunahme des Autofahrens von vornherein begrenzen. Zwar scheint es aus mancherlei Gründen attraktiv, Umweltprobleme wie den Klimawandel rein technisch lösen zu wollen. Denn neue Technik lässt sich verkaufen und schafft Arbeitsplätze, wogegen Verhaltensänderung häufig bedeutet, Güter aus dem Markt zu nehmen und damit letztlich das auf Wachstum ausgerichtete Wirtschaftsmodell generell in Frage zu stellen. Zudem kann ein rein technischer Wandel bequemer und deshalb leichter umsetzbar sein, als wenn wir uns mehr Genügsamkeit angewöhnen, und sei es auch nur an einzelnen Stellen. Dennoch sprechen verschiedene Aspekte eher dagegen, von einer *ausschließlich* technischen Bewältigung zentraler Umweltprobleme auszugehen. Wiederholt seien hier nur die wichtigsten Aspekte, die ich früher schon einmal ausgearbeitet habe.[12]

Zu nennen ist zunächst das Problemausmaß, etwa beim Klimawandel. Gemessen an bisher bekannten Innovationsgeschwindigkeiten erscheint es wenig wahrscheinlich, dass ein Wandel hin zu erneuerbaren Energien und Energieeffizienz allein vollständig in zehn bis zwanzig Jahren die fossilen Brennstoffe aus dem Markt nehmen kann. Genau dies wäre aber nötig, um die katastrophalen Folgen des Klimawandels abzuwenden. Nur dann könnte die Erderwärmung auf 1,5 – 1,8 Grad Celsius gegenüber vorindustriellem Niveau begrenzt werden. Diese Temperaturgrenze ist jetzt ausdrücklich auch in Artikel 2 des Pariser Klimaabkommens von Ende 2015 für die Weltgemeinschaft festgeschrieben.

Der rein technische Weg scheitert auch deshalb, weil für bestimmte Emissionsarten ausreichende technische Optionen fehlen, etwa im Bereich Landwirtschaft und Ernährung. Dort entstehen Kohlendioxid-, Methan- und Lachgasemissionen durch Düngung (in der enorm viel fossiler Brennstoff steckt), trockengelegte Moore und die sprichwörtlichen pupsenden Tiere. Vier Fünftel der Weltagrarfläche werden zur Produktion tierischer Nahrungsmittel verwendet. Die Hauptmaßnahme dagegen wäre, wenn in den Industriestaaten und den Schwellenländer-Oberschichten weniger Tierisches gegessen würde. Das wäre jedoch eine Verhaltensänderung, keine technische Änderung. Die Lebensmittel-Wegwerfrate als Effizienzmaßnahme zu reduzieren, ist auch wichtig, es reicht allein jedoch nicht.

Dies schlägt den Bogen zu einem weiteren Punkt: Existenziell (sowie ökonomisch und zur Erhaltung des Weltfriedens) müssen längerfristig neben dem Klimawandel auch weitere Umweltprobleme gelöst werden. Und bei denen ist es um technische Lösungen oft weit schlechter bestellt als beim Klimawandel. Zentrale Beispiele hierfür sind die geschädigten Ökosysteme mit dem Biodiversitätsschwund, die gestörten Stickstoffkreisläufe und die Bodendegradation. Lösungen bedeuten hier zentral, dass der Mensch sich stärker aus der Fläche zurückzieht und die agrarische Produktion drosselt. Dies impliziert ein Ende immer größerer Wohnflächen pro Kopf und wie gesagt auch eine Reduktion tierischer Nahrungsmittel-Konsumraten. Was erst recht nicht geht, ist, dass man noch mehr Fläche in Nutzung nimmt, um auch ohne fossil basierten Dünger genauso viel zu produzieren – und womöglich noch die Erdöl-Kunststoffe in der heutigen Menge durch nachwachsende Rohstoffe ersetzt. Dass die Situation umso dramatischer wird, je mehr Menschen weltweit sich den westlichen Lebensstil zum Vorbild nehmen, liegt auf der Hand.

Es sprengt den vorliegenden Rahmen zu zeigen, dass man all dem nicht so einfach entkommen kann durch vermeintliche Wundertechnologien wie riesige Aufforstungen, um Klimagase zu binden. Und erst recht genügt es nicht, wenn einige Reiche etwas weniger konsumieren. Dafür ist die Herausforderung bei weitem zu groß. Umgekehrt ist es aber auch irreführend, in ein Technik-Bashing zu verfallen. Natürlich ist Technik für Nachhaltigkeitsfragen ein wesentlicher Teil der Lösung. Allein ausreichend ist sie jedoch nicht.

7

Eine große Herausforderung: Das Ende der kapitalistischen Wachstumsgesellschaft – und die Folgefragen

Die Idee, weniger zu konsumieren, steht in einem Spannungsverhältnis zur politisch prägenden Idee ewigen Wirtschaftswachstums weltweit. Wachstum und seine Sicherstellung wird von vielen global als das zentrale politisch-gesellschaftliche Ziel gesehen. Vom Wachstum verspricht man sich größeres Wohlergehen, stabile Sozialstaaten, mehr menschliches Glück, mehr Freiheit und die Schaffung von Arbeitsplätzen. Auch liegt nahe, in den Entwicklungs- und Schwellenländern in den nächsten Jahrzehnten die oft dramatische Armut zu bekämpfen, was eine Art von Wirtschaftswachstum impliziert. Zugleich ist Wirtschaftswachstum allerdings ein zentraler Treiber der Klima- und Ressourcenproblematik, indem es den Verbrauch fossiler Brennstoffe ansteigen lässt, statt ihn sinken zu lassen. Genau diesem Weg eifern die Schwellenländer aktuell nach. Will man die Chancen eines Wandels zur Nachhaltigkeit verstehen und zugleich weitere große Veränderungs-Themen aufrufen, muss man über die Wachstumsfrage reden.

Das Setzen auf grüne Technologien wie Solarenergie oder Effizienzsteigerungen kann zwar sogar noch Wachstum erzeugen und damit das klassische Kohlekraftwerks-Wachstum ersetzen. Wenn jedoch Suffizienz ein wesentlicher Teil der Nachhaltigkeitswende sein muss, dann wird weniger verkauft werden, etwa weniger Urlaubsflüge. Genau das könnte, sofern es einen erheblichen Umfang annimmt, einen ungeplanten Übergang zu einer Postwachstumsgesellschaft bedeuten, also zu einer Gesellschaft, die dauerhaft ohne Wirtschaftswachstum auskommen oder sich sogar auf Schrumpfungsprozesse einstellen muss.[13] Sicherlich kann man aus dem Suffizienzgedanken auch einzelne Geschäftsideen entwickeln, die mit

Ansatzpunkten wie sharing, regional, slow, Dienstleistungsorientierung oder gerade Bildungsmaßnahmen und Kursen zu tun haben. Damit könnten einzelne Unternehmen wachsen.[14] In der Summe würde echte Suffizienz aber eben, solange sie ernsthaft stattfindet und sich der Konsum nicht lediglich hin zu anderen Ressourcenbelastungen verschiebt, gerade darin bestehen, dass wir alle weniger kaufen. Und dies wird volkswirtschaftlich aller Wahrscheinlichkeit nach die bisherige Wachstumsgesellschaft nicht fortbestehen lassen.[15] Wohlgemerkt geht es hier nicht darum, dass Wachstum absichtlich vermieden wird. Der Übergang zu einer Postwachstumsgesellschaft könnte wie geschildert einfach die ungewollte Nebenfolge einer problemadäquaten Nachhaltigkeitspolitik sein, wenn sie erhebliche Suffizienzanteile einschließt.

Man könnte jetzt meinen: Wenn Suffizienz zum Ende der Wachstumsgesellschaft führt, kann die Energie- und Klimawende kaum, wie so oft behauptet wird, wirtschaftlich sinnvoll sein.[16] Doch liegt hier ein Missverständnis vor. Wirtschaftlich sinnvoller als eine Welt der Klimakriege ist und bleibt ein geplantes, schrittweises wirtschaftliches Umdenken höchstwahrscheinlich allemal. Stellt man sich dagegen trotz der formulierten Probleme dauerhaft und in allen Teilen der Welt weiteres Wachstum vor[17], so müsste man Nachhaltigkeit auf technische Strategien beschränken – und die Umweltprobleme nach dem Gesagten teilweise hinnehmen. Damit läuft man mit erheblicher Wahrscheinlichkeit in die vom Club of Rome 1972 vorhergesagten Desaster von Hunger, Kriegen oder massiver Umweltzerstörung hinein.[18]

Auch die Hoffnung, dass künftig »neue Ideen« dauerhaft wachsen und ohne jeglichen Ressourcenverbrauch dann doch ein ewiges (»qualitatives«) Wachstum ermöglichen, wird wohl nicht helfen. Wenn diese Vision eine ökonomische Substanz haben soll, muss damit gemeint sein, gewissermaßen noch stärker als ohnehin schon im 21. Jahrhundert auf Dienstleistungen statt auf Produkte zu setzen. Einfach nur Ideen »an sich« wären demgegenüber kein Wirtschaftsgut, und erst recht hilft es rein ökonomisch nichts, ausschließlich einen anderen Wachstumsbegriff zu entwickeln, also künftig die

Mehrung anderer, nicht am Markt gehandelter Güter zu messen. Solche Konzepte sind durchaus anregend[19], sie ersetzen aber nicht die wirtschaftliche Funktion des Wachstums verkäuflicher Produkte und Dienstleistungen für Arbeitsmarkt, Sozialversicherung und so weiter.

Das Scheitern der Idee eines rein qualitativen Wachstums in dem so präzisierten Sinne liegt aus mehreren Gründen nahe. Erstens führen »Ideen« in Gestalt von Dienstleistungen nach aller bisherigen Erfahrung dazu, dass auch wieder konkrete materielle Ressourcen verbraucht werden. Das Internet etwa mag als immaterielle Idee erscheinen, doch Computer und Server verbrauchen sowohl Strom als auch in der Produktion diverser Geräte und der entsprechenden Infrastruktur knappe endliche Ressourcen. Zweitens ist mindestens offen, ob eine totale Dienstleistungs-Volkswirtschaft überhaupt wirklich dauerhaft Wachstum generiert.[20] Drittens macht es die sich erschöpfende Nachfrage in den Industriestaaten schon momentan schwieriger für Unternehmen, immer neue Dienstleistungen an die Kunden zu bringen. Viertens erscheint der Gedanke, die menschliche Vorstellungskraft und Zeit seien gewissermaßen unendlich, ziemlich mutig, um nicht zu sagen: größenwahnsinnig und irreal. So lassen sich auch die menschliche Liebe, Naturgenuss oder Kunstgenuss kaum unendlich steigern, selbst wenn man sie kontrafaktisch als insgesamt marktgängige Güter sehen würde.

Das damit absehbare Ende des Wachstumszeitalters ist ein großes Problem, da moderne Gesellschaften bisher von wirtschaftlichem Wachstum abhängig sind.[21] Dies erfordert Lösungen für die betroffenen Bereiche[22], etwa für den Arbeitsmarkt, die Staatsverschuldung, das Steuersystem, die Rentenversicherung und das Bankenwesen. Und zwar geht es um Konzepte sowohl für den steinigen Weg des Übergangs als auch für den imaginierten Zielzustand; ersteres wird dabei fast immer vergessen. Wenn es beispielsweise dauerhaft kein Wachstum gibt, bricht die Logik zusammen, dass heutige Staatsschulden durch steigende Steuereinnahmen in Zukunft gegenfinanziert werden können. Würde man dies durch hohe Besteuerung für Reiche aufzufangen versuchen, wäre absehbar mit Auswanderung oder zumindest Kapitalverlagerung in andere Länder zu rechnen, sofern nicht alle Länder den gleichen Weg in Richtung Nachhaltigkeit einschließlich eines Anteils von Suffizienz gehen.

Wachstum ist für den Kapitalismus also essentiell. Mit Kapitalismus verbinden sich jedoch weitere Stichworte wie eine bestimmte Eigentumsordnung, abhängige Arbeitnehmer, mehr oder minder freier Wettbewerb und Marktwirtschaft. Diese Faktoren würden sich selbst mit einem Ende des Wachstums nicht zwangsläufig in Luft auflösen, und es ist ein weites Feld, ob dies überhaupt wünschenswert wäre. Dass jedenfalls die Gleichsetzung von Kapitalismus – im eben genannten breiten Wortsinn – und Umweltzerstörung oder überhaupt von Kapitalismus und gesellschaftlichen Negativentwicklungen aller Art (man denke an den Totalitarismus) zu simpel ist, müssen wir später noch genauer betrachten (Kapitel 20).

Das Wachstumsthema ist zugleich ein schönes Beispiel dafür, dass platte Revolutionsrhetorik der Komplexität der modernen Welt selten gerecht wird, so medientauglich sie wegen ihres drastischen Charakters auch sein mag. Viele und ziemlich heterogene Stimmen sprechen gerne von einer Revolution, ob nun Bernie Sanders, Sigmar Gabriel oder Harald Welzer. Dass Wandel in Wirklichkeit meist schrittweise und nur manchmal in revolutionären Brüchen geschieht, betrachten wir später noch näher (Kapitel 26).

8

Falsche Alternativen: Wird »alles immer besser« oder »immer schlechter«? Fortschritts- und Verfallstheorien

Wer Wandel erklären und ermöglichen will, muss sich also vor Unterkomplexität, allzu einfachen Antworten und falschen Alternativen hüten. Manche beantworten – oder vielmehr erledigen – die Frage nach den Triebkräften von Wandel auch mit geschichtsphilosophischen Theorien. Solche Theorien bieten nicht nur Erklärungen für den Wandel an und zeigen nicht nur angeblich klar erkennbare künftige Entwicklungen auf. Vielmehr bringen sie die Historie der Menschheit in den Rahmen scheinbarer Naturgesetze. Vielen gefällt beispielsweise die Idee, dass im Weltgeschehen alles »immer besser« oder »immer schlechter« wird. Vermeintlich zwangsläufig vollzieht sich etwa bei Marx die gesellschaftliche Entwicklung erst hin zum Kapitalismus und später dann irgendwann zur klassenlosen Gesellschaft. Ebenfalls in einer solchen geschichtsphilosophischen Denkweise bewegt sich die klassische Erzählung vom immer weiter voranschreitenden gesellschaftlichen und technischen Fortschritt.

Umgekehrt haben seit der Antike und seit Platon und Heraklit auch Verfallstheorien unter Intellektuellen Konjunktur. Der gesellschaftliche Prozess, wenn man ihn nur ausreichend kritisch betrachtet, erscheint dann als Prozess geistiger Degeneration – was im Zweifel nur durch einige zupackende, intellektuell herausragende und in der Wahl ihrer Mittel nicht allzu zimperliche Männer zu bremsen wäre, wie man etwa bei Platon eindrucksvoll nachlesen kann.

Letztlich sind Aussagen wie die, dass die Dinge – was immer damit gemeint ist – immer besser oder immer schlechter werden, viel zu allgemein, um sinnvoll überprüft werden zu können. Entgegen Marx' Intention taugen solche Sichtweisen daher allenfalls als persönliches Glaubensbekenntnis, nicht aber für präzise – am Leitbild der vermeintlich immer exakten Naturwissenschaften ausgerichteten – Analysen zum gesellschaftlichen Wandel. Das gilt auch dann noch, wenn man eher einen milden, entwicklungsoffenen Fortschrittsoptimismus anschlägt wie Kant. Oder wenn man wie Hegel ein wundervolles Gemälde malt, das die rätselhaften Wendungen der Historie in das eigenartige Bild eines Weltgeistes kleidet, der mit objektiver Notwendigkeit, nur eben von den Zeitgenossen meist unverstanden, seine Kreise zieht. Wobei meine Kritik nicht heißt, dass an Kants und Hegels Perspektiven nichts dran wäre. Zu einer seriösen Theorie gesellschaftlicher oder menschlich-historischer Entwicklung verdichten lässt sich das aber nicht so einfach.

Außen vor bleiben muss bei der Erklärung menschlichen Verhaltens und damit von Wandel, inwieweit man Erklärungen und Wandel begrüßt oder ablehnt. Sein und Sollen sind zwei getrennte logische Ebenen. Denn ob ich ethisch oder juristisch rechtfertige, dass ein bestimmtes Verhalten Platz greifen *sollte*, ist eine andere Frage als die, ob ich das rein *faktische* Zustandekommen eines Verhaltens erkläre. An einem drastischen Beispiel erläutert: Den Völkermord der Nazis kann man durch vielfältige Faktoren trotz seiner Unfassbarkeit wohl erklären (näher Kapitel 15). Ethisch oder juristisch rechtfertigen kann man ihn dagegen ganz sicher nicht.

In weniger drastischen Konstellationen muss man sich an die Sein-Sollen-Scheidung immer mal wieder selbst erinnern. Denn die menschliche Tendenz geht dahin, solche Erklärungen für wahr zu halten, die den eigenen normativen Vorstellungen entgegenkommen. Wenn ich zum Beispiel selbst Interesse daran habe, dass mein Mann oder meine Frau nicht fremdgeht, werden mir soziobiologische Befunde, die eine gewisse Promiskuität des Menschen nahelegen, vermutlich nicht so gut gefallen. Davon müssen wir uns jedoch freimachen, wenn wir Wandel verstehen und Wandel ermöglichen wollen. Die Frage, welche Ziele von Wandel wünschenswert sind, ist durchaus eine rational erörterbare (ethische, rechtliche, politische) Frage. Sie ist aber eben separat zu erörtern. In diesem Buch sind solche normativen Fragen – und das Problem ihrer teils durchaus objektiven Beantwortbarkeit – nur am Rande mein Thema.

Teil II

Geld, Macht, Gene, Wissen, Hirnforschung: Wichtige, aber oft überschätzte Bausteine zum Verstehen von Wandel

9

Menschliches Verhalten und seine Ursachen: zu komplex, um es mit Befragungen oder Laborexperimenten vollständig abzubilden

Mich beschäftigt die Frage, wie sich Dinge verändern, fast schon mein Leben lang. Letztlich beschäftigt sie uns alle implizit täglich, aber mir scheint: Der Wunsch, über die Ursachen von Wandel nachzudenken, war schon als kleiner Junge mein Berufswunsch. Das Wort Geisteswissenschaften kannte ich noch nicht. Ich dachte, man ist Historiker, wenn man über solche Fragen nachdenkt. Mein Vater war ein weltreisender Naturwissenschaftler. Seine theoretische Physik interessierte mich eindeutig nicht. Was ich mich damals nicht fragte, ist: Wie genau findet man eigentlich heraus, was Menschen antreibt? Wie kann man etwas darüber wissen, was Gesellschaften und Menschen bewegt?

Wie schon erwähnt, ist es methodisch schwierig, Verhalten zu erklären. Unter dem Einfluss von Ökonomen dominiert seit einiger Zeit die Vorstellung, Verhaltensforschung müsse per se naturwissenschaftsanalog vorgehen. Das heißt dann: Forschungsergebnisse sollen reproduzierbar und quantifizierbar sein.[23] Um dies zu ermöglichen, führen besonders Ökonomen spieltheoretische Experimente durch. Darin werden, wie der Name schon sagt, reale Verhaltenssituationen durchgespielt. Dann wird etwa die klimawandelbezogene Motivation von Unternehmern und Politikern (oder Konsumenten) durch spielerische Arrangements in Laborsituationen betrachtet, indem man Klimakonferenzen oder alltägliche Konsumentscheidungen nachspielt. Ebenso können auf solch einer Grundlage, ergänzt um viele wirtschafts-, sozial- und naturwissenschaftliche Daten, komplexe Szenarien entstehen, wie es zum Beispiel mit dem Klimaschutz weitergehen könnte. Dagegen versprechen sich viele Soziologen und Politologen mehr davon, Leute zu befragen –

sei es in großer Zahl mit Fragebögen oder eher mit einer kleinen Zahl von Befragten in ausführlichen, mehr oder minder frei gestalteten Interviews.

Der Fokus auf zählbare und reproduzierbare Fakten ist ein Kind des philosophischen Empirismus seit dem 17. Jahrhundert. In Wirklichkeit ist es keineswegs philosophisch selbstverständlich, allein Fakten als Gegenstand rationalen Nachdenkens anzuerkennen (näher Kapitel 18). Hier ist es erst einmal wichtig zu verstehen, dass man über menschliches Verhalten und über Wandel durch Experimente und Befragungen viel weniger erfährt, als manche hoffen. Das liegt, wie wir sehen werden, daran, dass die naturwissenschaftstypische Suche nach eindeutig messbaren, quantifizierbaren und wiederholbaren Befunden latent in die Irre führt, wenn man sie auf menschliches Verhalten anwendet. Dazu sind zunächst einige grundsätzliche Bemerkungen nötig.

Wenn man wissen will, wie Individuen und Gesellschaften sich wandeln und wie Menschen zum Beispiel auf bestimmte politische Maßnahmen reagieren werden, muss man ihr Verhalten kennen. Diese Kenntnisnahme muss in einer Weise ablaufen, dass mit dem Akt der Kenntnisnahme nicht das Verhalten schon verfälscht wird, etwa weil sich die Beobachteten anders zu verhalten beginnen, weil sie sich beobachtet fühlen. Ferner muss man nicht nur das Verhalten an sich, sondern auch seine Motive oder Ursachen erkennen, um tatsächlich Verhalten beeinflussen zu können und vollständig zu verstehen. Menschliche Motive sind jedoch nicht irgendwo in der äußeren Realität sichtbar. Ebenso ist die Kausalität zwischen Motiven und dem realen Verhalten, auch wenn sie genau wie die Motive zur Welt der Fakten gehört, als solche nicht sichtbar.

Wenn Verhalten und Wandel verstanden werden sollen, wird es deshalb häufig um Rückschlüsse gehen: aus dem Verhalten auf die Motive sowie von Verhalten und Motiven auf die Kausalität. Mit einem philosophischen Begriff kann man das einen Schluss auf die beste Erklärung nennen.[24] Ob jemand, der einen Unternehmer in einem spieltheoretischen Experiment darstellt, aus Eigennutzen, altruistischen Werthaltungen, unbewussten Vorstellungen davon, was als normal zu gelten habe, oder aus noch anderen Motiven handelt, sieht man dem Verhalten als solchem nicht an. Auch dass beispielsweise ein Spieler im Experiment die Option wählt, die ihm ökonomische Vorteile bringt, zeigt nicht abschließend, dass allein Eigennutzen und bewusste Kalkulation seine Motive waren. Es können weitere Motive vorhanden sein. Theoretisch ausgedrückt: Die Korrelation von zwei Faktoren muss noch nicht besagen, dass dies die einzigen aufeinander einwirkenden Faktoren sind.[25]

Die damit aufgemachten Probleme sind grundsätzlicher Art, und sie gelten für Experimente und Befragungen – ob nun quantitativ von vielen Leuten oder in Interviews von wenigen Leuten – im Großen und Ganzen gleichermaßen.[26] Ein offenkundiges Problem von Befragungen ist, dass die Befragten oft nicht ehrlich antworten, sowohl hinsichtlich ihres Verhaltens als auch hinsichtlich ihrer Motive. Dazu kommen weitere verfälschende Faktoren wie der Wunsch, dem Interviewer zu gefallen, die Erwartungen des Versuchsleiters zu treffen und mit sozialen Konventionen in Übereinstimmung zu bleiben. Auch die Art der Fragen und der Gesprächskontext präformieren häufig die möglichen Antworten. Geht es in einer Befragung etwa um Umweltschutz, wird dieser damit von vornherein als relevant und sozial erwünscht gelabelt. Allein schon durch dieses aktive Thematisieren einer Frage werden Verhalten und Motive in erheblicher Weise überformt – die Leute erscheinen dadurch, salopp gesagt, mehr öko, als sie tatsächlich sind. Solche Probleme kann man durch die Befragungstechnik minimieren, aber kaum ausschalten. Außerdem ziehen bei der Frage nach Motiven und bei der Vielfalt von alltäglichen Einzelhandlungen vom Essen über die Fortbewegung bis hin zum Wohnen, die nachhaltigkeitsbezogen relevant wären, deren Komplexität und mögliche Unbewusstheit[27] deutliche Grenzen. Es kann ferner Fehlvorstellungen über das eigene Verhalten und dessen Motive geben, die auf emotionalen Mechanismen wie Verdrängung beruhen, die wir später noch näher betrachten (Kapitel 16).

Im Grundsatz gelten diese Einwände auch für Experimente, mögen es die genannten spieltheoretischen Anordnungen oder sogenannte Real-World Laboratories sein, wie etwa das Durchspielen eines ressourcenarmen Lebensstils für eine gewisse Zeit im realen Leben.[28] So beeinflussen auch hier soziale Erwünschtheiten die Versuchspersonen. Und auch hier können die Motive nicht gemessen werden. Hinzu kommt hier noch, dass per se jede offiziell beobachtete Situation ein erheblicher Eingriff in die Realität ist und die Übersetzung der meist hochkomplexen Wirklichkeit (in puncto Ausgangssituation und Handlungsoptionen) in ein simples Experiment kaum gelingen kann. Man stelle sich nur die erwähnte spieltheoretische Situation vor, in der die hochkomplexen globalen Klimaverhandlungen nachgespielt werden.[29] Auch dass in der Realität sowohl Ausgangslage als auch Handlungsoptionen meist mit vielfältigen Unsicherheiten behaftet sind, lässt sich kaum experimentell abbilden.

Problematisch ist neben der nicht einholbaren Komplexität der Realität und den sozialen Erwünschtheiten ferner der rein hypothetische Charakter einer experimentellen Situation.[30] Es ist eben doch etwas grundlegend anderes, ob man nur mal zwei Wochen so tut, als würde man ressourcenleicht leben, oder ob dies tatsächlich dauerhaft so ist. Oder wenn ich einfach mal spiele, wie es wäre, wenn meine Frau mich morgen früh um sieben verlässt – im Kontrast dazu, wenn es mir plötzlich wirklich passiert. Aus diesen und weiteren Gründen kann man Verhaltensexperimente auch nicht ebenso verlässlich wie chemische oder physikalische Experimente wiederholen.

Diese Gegebenheiten werden nicht nur in vielen Fachdiskursen mehr oder minder übergangen.[31] Sie werden auch verdeckt, wenn man wie der wirtschaftswissenschaftliche Mainstream[32] ein einfaches Verhaltensmodell wie den Homo oeconomicus postuliert, also einen stets bewusst kalkulierenden und rein nutzenorientierten – und zwar normalerweise eigennutzenorientierten – Menschen unterstellt. Dieses wird dann als Basis und als Ergänzung spieltheoretischer Experimente genutzt. Ungeachtet dessen, dass dies inhaltlich bei weitem zu einfach ist (Kapitel 12), verdeckt man damit die komplexen methodischen Probleme der Verhaltensforschung, die sich aus den genannten Faktoren ergeben. All das entwertet Experimente wie auch Befragungen nicht vollständig. Sie können durchaus Hinweise auf Verhalten, seine Ursachen und damit die Bedingungen von Wandel geben. Aber diese Hinweise sind eben oft verzerrt. Also benötigt man weitere Erkenntnisquellen.[33]

10

Das meiste über menschliche Motive und damit auch über Veränderungsantriebe erzählt das reale Verhalten

Wenn Verhalten schwer zu erfassen ist und erst recht die Motive und Kausalitäten sich primär interpretativ erschließen, erfährt man Wesentliches über Motive, Wandel und oft schon über das Verhalten selbst nur über eine andere, weniger formale Erkenntnisquelle. Gemeint ist die persönliche, möglichst umfangreiche Fremd- und Selbstbeobachtung. Am ehesten noch in der Ethnologie und Religionswissenschaft wird sie unter der Bezeichnung teilnehmende Beobachtung gepflegt, die vom Beobachter als Teilnehmendem an einer realen Situation vorgenommen wird. Dabei wird aus dem Verhalten auf Motive rückgeschlossen und damit auf die genannten, verfälschenden Faktoren reagiert. Gerade bei Nachhaltigkeitsfragen kommt man ohne möglichst völlig unbemerkte – und natürlich möglichst häufige und umfassende – Fremdbeobachtung wie auch ohne kritische Selbstbeobachtung nicht aus. Denn besonders in diesem gesellschaftlichen Bereich pflegen viele ein sehr umweltfreundliches Selbstbild, welches eben leider mit einem unverändert großen ökologischen Fußabdruck scharf kontrastiert (näher Kapitel 11).

Nützlich im Sinne möglichst authentischer Ergebnisse ist also besonders, dass und wenn die Beobachtung als solche den Beobachteten entweder gar nicht oder zumindest in ihrem beobachtenden Anspruch nicht bewusst ist. Wegen des wenig formalisierten und deshalb für subjektive Einflüsse seitens des Beobachters anfälligen Charakters solcher Beobachtungen sollte man natürlich auf zusätzliche Kontrollmechanismen achten. So erscheint die schon von Thomas Hobbes formulierte Einsicht treffend, dass die Selbstbeobachtung ein hilfreicher Kontrollschritt der Fremdbeobachtung sein kann, wenngleich auch mir selbst nicht jedes meiner Motive bewusst zu sein braucht. Zugleich können historische Studien sehr aufschlussreich sein sowie Rückschlüsse aus der evolutionsbiologischen Herkunft des Menschen (näher Kapitel 13 und 19). Auch Experimente und Befragungen können als weitere, nur eben nicht als einzige Erkenntnisquelle zu einer Prüfung von Beobachtungsergebnissen beitragen. Zuletzt ist daran zu erinnern, dass das Wissen um die wechselseitige Beeinflussung der Akteure Erklärungspotenzial aufweist; die politisch-rechtlichen Rahmenbedingungen beeinflussen also Konsumenten und Unternehmen und so weiter (Kapitel 4).

Dass es schon vor diesem methodischen Hintergrund eine echte Herausforderung ist, das Verhalten von Individuen oder Gesellschaften vollständig zu verstehen oder gar zu lenken, liegt auf der Hand. Die Vielfalt der relevanten Motivationsfaktoren wird das im Laufe der nächsten Kapitel weiter unterstreichen. Ein Nachhaltigkeitsbewegter könnte sich wünschen: Menschen verhalten sich so, dass sie zunächst ihre Ziele aufgrund altruistischer Werthaltungen finden, etwa im Sinne von Nachhaltigkeit. Sodann wägen sie rational das Gewicht und den Grad der Betroffenheit jener Ziele im Verhältnis zu anderen Zielen ab, etwa eigenen Konsuminteressen. Und zuletzt wählen sie rational ein wirksames Instrument, das die gefundene Zielabwägung effektiv in die Tat umsetzt. Zum Beispiel eine Steuer für fossile Brennstoffe. Doch wir werden im Folgenden sehen, dass sowohl Ziele als auch Mittel großenteils faktisch ganz anders von Menschen gefunden werden. Dem damit erneut erwähnten Begriff der Rationalität widmen wir uns später noch in Ruhe (Kapitel 22). Für den Moment meint er bewusstes menschliches Verhalten mit Gründen.

11

Weniger Fast Food, mehr Klimaschutz und nicht Trump wählen: Wie wichtig ist Wissen wirklich?

Der methodisch schiefe Zugang zu Verhalten und Wandel macht es erklärlich, warum einige Faktoren meist überbetont werden in der Suche nach Erklärungen dafür, dass wir nicht nachhaltiger sind, dass Donald Trump gewählt wurde oder dass ich nicht mit dem Rauchen aufhöre. Darum geht es in den folgenden Kapiteln. Zunächst widmen wir uns dem relevanten, aber oft überschätzten Faktor Wissen und Bildung. Wenn etwa mangelnder Klimaschutz beklagt wird, so lautet eine der gängigen Aussagen, dass viele eben das Ausmaß der Klimakatastrophe noch nicht voll verstanden hätten. Nötig sei mehr Bildung.[34] Doch ist das wirklich die zentrale Ansage für alle, die Verhalten verstehen und verändern wollen? Wissen als alleiniger oder zumindest primärer Schlüssel zu einer besseren Welt?

Unstreitig wissen verschiedene Menschen – teils kann man auch sagen: in verschiedenen Ländern und verschiedenen sozialen Gruppen – über Sachverhalte wie den Klimawandel unterschiedlich viel. Es gibt sogar einige Dinge, die überhaupt niemand weiß, darunter einige, die voraussichtlich auch künftig niemals ein Mensch wissen wird. Die Wissenschaft steht besonders bei Nachhaltigkeitsfragen vor komplexen Unsicherheiten. Gerade der Klimawandel und die unüberschaubare Vielfalt der Ökosysteme bieten dafür Beispiele, ebenso aber traditionelle Umweltschutzfragen wie die Kumulations- und Langzeitwirkungen von Luftschadstoffen.[35] Dementsprechend ist die exakte Ökobilanz jedes einzelnen gekauften Produkts für einzelne Verbraucher und selbst für Fachleute nahezu undurchschaubar. Komplexe Unternehmensverflechtungen und Zulieferverhältnisse machen all das noch schwieriger. Dass wir manches nicht wissen, kann man auch durch – insoweit unverdächtige – Befragungen erkennen.[36] Doch wie relevant ist das, wenn wir mangelndes

Nachhaltigkeitshandeln von Individuen und ganzen Gesellschaften erklären wollen?

Beginnen wir mit einer offenkundigen Ausgangsbeobachtung: Man kann alles über die Gefahren des Rauchens wissen und trotzdem rauchen. Nur gibt es dieses frappierende Phänomen nicht nur beim Rauchen. Uns gelingt es bislang offenbar recht gut zu ignorieren, dass wir durch unseren ressourcen- und treibhausgasintensiven Lebensstil das Leben und die Gesundheit vieler Menschen in anderen Erdteilen und die künftiger Generationen aufs Spiel setzen. Von den drohenden existenziellen, weltfriedenspolitischen und ökonomischen Nachteilen für uns selbst mal ganz abgesehen. Dabei herrscht gerade in Deutschland kein Mangel an Diskursen, Theorien, technischen Ideen, schönen Tagungen, spannenden Fernsehsendungen und artikuliertem guten Willen, ebenso wenig wie an Ministerien und Verbänden, die sich des Themas annehmen.

Der erste Gesichtspunkt, der all dieses schöne Faktenwissen oft verpuffen lässt, ist, dass Faktenwissen keinen normativen Maßstab liefert, ob man handeln soll oder nicht: Dass es einen Klimawandel gibt, besagt *für sich genommen* noch nicht, dass dieser zwingend von uns verhindert wird, wenn wir dafür andere Belange wie Wirtschaftswachstum oder die Konsumfreiheit zurückstellen müssten. Dafür bräuchte es entsprechende Werthaltungen. Oder zumindest eigennützige Präferenzen, die jemandem sagen, was er gerne für sich oder für eine von ihm präferierte Gruppe von Menschen wünscht. Oder Gefühle wie Mitleid.

Daneben unterliegt die Relevanz von Wissen weiteren Begrenzungen. Es ist eine durch Selbst- und Fremdbeobachtung alltäglich erfahrbare und letztlich banale Erkenntnis, dass der Grad des Interesses an einer Angelegenheit maßgeblich determiniert, ob man sich etwas aneignet, sich Information merkt und sich sogar aktiv Informationen beschafft. Angesichts staatlicher Aufklärungskampagnen zum Umweltschutz, intensiver Nachhaltigkeitsbildung sowie umfänglicher Informations- und Beratungsangebote kann zudem die Unwissenheit in vielen Fällen so groß nicht sein, jedenfalls in den Industriestaaten. Auch experimentell ist die begrenzte Relevanz von Wissen zum Beispiel für Kaufentscheidungen intensiv belegbar[37], ebenso wie für das Handeln von Politikern. Zum Teil hängt das damit zusammen, dass Wissen immer nur ausschnittsweise, vereinfacht und oft verzerrt wahrgenommen wird.[38]

Zudem ist bei vielen Verhaltensweisen die ungefähre Nachhaltigkeitswirkung ziemlich offenkundig. Flugverkehr, Individualverkehr und Fleischkonsum sind hier nur einige, letztlich beliebig vermehrbare Beispiele. Wir alle, aber auch alle Politiker wissen durchaus darüber Bescheid. Ferner bezieht sich die naturwissenschaftliche Unsicherheit in ökologischen Fragen meist nur auf das Ausmaß einer bestimmten Entwicklung, nicht dagegen auf die prinzipielle Existenz zum Beispiel eines Klimawandels. Zumindest in etwa adäquate Maßnahmen könnten also ergriffen werden.

Wie wenig Wissen allein bewirkt, sieht man ferner daran, dass ausgerechnet ökologisch besonders Informierte statistisch die größeren Ressourcenverbraucher sind – mit steigendem Wohlstand und höherer Bildung nehmen Faktoren wie Flugreisen, Pkw-Fahrten, Wohnungsgröße und Heizverbrauch oder Besitz von Unterhaltungselektronik eher zu. So fliegen die Wähler der Grünen, die in puncto Wohlstand und Ausbildung statistisch relativ gut dastehen, im Schnitt am meisten, obwohl sie gleichzeitig das Fliegen am stärksten kritisieren.[39] Der sprichwörtliche Rentner ohne sehr ausgeprägtes Umweltwissen hat oft eine bessere Bilanz, gerade weil wichtige Marker wie Pkw, Flüge, Fleischkonsum, Heizen auf ihn weniger zutreffen.[40]

All das bedeutet natürlich nicht, dass Wissen total gleichgültig wäre. Dennoch deutet vieles darauf hin, dass ein Wissensproblem nur zum Problem wird, weil bei den meisten Akteuren eine Motivationslage vorherrscht, die der Nachhaltigkeit vielleicht mit verbaler Zustimmung, letztlich aber doch innerer Reserve begegnet. Plakativ gesprochen: Wollen überformt Wissen. Oder an einem anderen Beispiel illustriert: Es stimmen eben keinesfalls nur arme, oftmals weniger gebildete Globalisierungsverlierer für einen US-Präsidenten Donald Trump oder für einen Brexit.

Man könnte die These vom fehlenden Nachhaltigkeitswissen freilich auch abwandeln und sagen: Vielleicht fehlt es nicht an Wissen, aber doch an Bewusstsein für Nachhaltigkeit. So hört man im privaten, politischen und wissenschaftlichen Raum nicht selten Aussagen wie »ich bin mir der Klimaproblematik ja bewusst«. Zunächst einmal wird dadurch der Befund zum nicht wirklich fehlenden Nachhaltigkeitswissen weiter erhärtet. Allerdings wird mit »Bewusstsein« noch eine weitere Ebene behauptet, nämlich jenseits des Faktenwissens etwa über den Klimawandel auch ein Werturteil pro Klimaschutz und vielleicht sogar konkrete Verhaltensabsicht in Richtung auf mehr Nachhaltigkeit. Bei alltäglicher Beobachtung bis hin zur Selbstbeobachtung erscheint die allseits geäußerte »Bewusstheit« allerdings oft eher als Schutzschild gegen echte Verhaltensänderungen denn als Anbahnung einer Nachhaltigkeits-, Klima- oder Energiewende. Seit Jahrzehnten beanspruchen speziell Menschen in Deutschland für sich ein immer höheres Nachhaltigkeits- oder Umweltbewusstsein; gleichzeitig stieg jedoch der Ressourcenverbrauch in dieser Periode weiter an oder blieb auf hohem Niveau konstant.[41] Vergessen wird auch oft, dass man die Selbstauskunft von Menschen nicht immer für bare Münze nehmen darf. Folgerichtig trifft man, wenn man bei den vorgeblich Bewussten nachhakt und ihr eigenes Verhalten zum Thema macht, regelmäßig auf Abwehr bis hin zu Aggression.

Es könnte natürlich sein, dass der Ressourcenverbrauch noch drastischer gestiegen wäre, wenn das Bewusstsein geringer wäre; das lässt sich allerdings nur relativ schwer messen. Eher schon kann man wohl sagen: Es würden noch mehr Leute rauchen, wenn es keine Aufklärung gäbe. Beim Rauchen, wo es direkt um eigene, potenziell tödliche Erkrankungen geht, ist mit dem Eigennutzen allerdings sogleich ein weiterer Faktor neben dem Wissen im Spiel, der bei Nachhaltigkeitsfragen nicht genauso klar zum Zuge kommen kann. Vielleicht kann man abstrakt hoffen, dass die einsetzende große Nachhaltigkeitsdebatte langfristig auch zu einem veränderten Handeln führt. Jedenfalls wird dafür ein Bewusstsein nicht ausreichen, das vorgeblich hoch ist, bei jeder Abwägung mit Wirtschaftswachstum, kurzfristiger Bequemlichkeit und weiteren Faktoren aber wieder zurücktritt.

Dass solche Zielkonflikte vergessen werden, dass wir Fakten verdrängen und Wissen verzerrt wahrnehmen, könnte eine wesentliche Ursache für das Auseinanderfallen von artikuliertem Bewusstsein und realem Verhalten sein. Es ist noch zu thematisieren, dass Menschen sehr widersprüchlich sind – sowohl hinsichtlich ihrer verschiedenen Einstellungen als auch hinsichtlich ihrer Einstellungen einerseits und ihres Verhaltens andererseits. Jedenfalls ist aber klar: Wer sozialen Wandel will, etwa hin zu mehr Nachhaltigkeit, wird nicht in erster Linie auf Wissensvermittlung und Bildung setzen können. Er wird sich vielmehr den Faktoren widmen müssen, die unser Wissen unterlaufen, behindern oder verdrehen. Und die unsere Ziele erzeugen, die wie gesagt nie aus reinem Faktenwissen entstehen können.

12

Eigennutzen: Kapitalistisches Profitstreben, politisches Machtstreben, Homo oeconomicus – wichtig, aber überschätzt

Wir haben gesehen: Mängel an Wissen oder Bildung sind relevant. Aber als alleinige Erklärung taugen sie nicht, wenn sich Wandel ereignet oder Wandel ausbleibt, sei es im Privaten oder auf gesellschaftlicher Ebene. Vielmehr drängte sich eben auf, dass wir die Veränderung sehr oft einfach nicht wollen und bestimmte Dinge lieber gar nicht so genau wissen wollen. Eine Erklärung dafür ist, dass oft handfeste egoistische Interessen im Wege stehen, sowohl beim Einzelnen als auch strukturell aggregiert in Gestalt von politischer und wirtschaftlicher Macht. Einige Verhaltensforscher, besonders Ökonomen, verabsolutieren den Faktor Eigennutzenkalküle sogar weitgehend. Wir werden später noch sehen, dass die Beobachtung des menschlichen Eigennutzenstrebens letztlich bis zur Bibel und zu Platon zurückführt.

Die Relevanz des Faktors Eigennutzen, zum Beispiel für mangelnde Nachhaltigkeit, ergibt sich unschwer durch Nachdenken und diverse Fremd- und Selbstbeobachtungen, weiter unterstrichen durch Experimente.[42] Wenn man mit Urlaubs-Flugreisen Gewinn machen kann, wird voraussichtlich jemand sie anbieten, und solange Menschen gerne fliegen möchten, ist es auch für wiederwahlorientierte Politiker wenig attraktiv, das Fliegen beispielsweise zu verteuern. Ebenso ist es zum Beispiel für eine multinationale Textilfirma eigennutzenfördernd, nämlich verkaufsfördernd, wenn sie sich offiziell sozial und umweltfreundlich geriert, in Wirklichkeit aber den Gewinn maximiert, selbst wenn Kinderarbeit und schlechte Arbeitsbedingungen sogar den Werthaltungen der Manager widersprechen mögen.[43] Zudem weiß auch jedes Unternehmen, dass viele Kunden weniger nachhaltigkeitsorientiert sind, als sie verbal bekunden. Inwieweit ein Unternehmen Standards einhält, kann man als Kunde ohnehin kaum prüfen, und auch kritische Beobachter wie Umweltverbände können allenfalls einzelne Skandale aufdecken. Ob etwa unternehmerischer Egoismus in den letzten Jahrzehnten wichtiger geworden ist, wie häufig angenommen, kann man kontrovers diskutieren.[44] Das Phänomen als grundlegend neu hinzustellen, ist indes wenig einleuchtend.

Ebenso kann in der Politik ein Eigennutzenstreben nach Macht, Wiederwahl und Profilierung relevant werden. Macht die Politik beispielsweise die fossilen Brennstoffe teurer, stimuliert dies Eigennutzenkalküle bei uns allen dahingehend, weniger zu verbrauchen. Umgekehrt stimuliert unser aller Wut auf solche Politiker deren Furcht, abgewählt zu werden – mit der Folge, dass es umweltpolitisch eher schleppend vorangeht. Dazu trägt noch ein Umstand bei: Für künftige Generationen sowie sozial Schwächere ist die Artikulation ihres Eigennutzens erschwert oder sogar unmöglich. Folglich haben Politiker im Rahmen ihrer eigenen Eigennutzenkalküle wenig Motivation, jenen schwach oder gar nicht artikulierten Stimmen etwas Gutes zu tun. Ebenso können sich die Bewohner ärmerer Länder, die oft mittelbar unter politischen Entscheidungen in den Industriestaaten leiden, nur begrenzt artikulieren und insbesondere unsere westlichen Politiker nicht abwählen. Umgekehrt sind Unternehmen, die unter Arbeitsplatzverlusten ins Ausland abzuwandern drohen, und Gewerkschaften für Politiker als eigennutzengesteuerte Druckmacher sehr präsent. Allgemeiner gesprochen, erscheinen die Vorteile etwa des Klimaschutzes oft als unsicher, weit entfernt und nicht klar sichtbar, die Kosten dagegen häufig hier und heute greifbar, beispielsweise in Gestalt höherer Energiepreise (selbst wenn langfristig die volkswirtschaftliche Kostenbilanz genau umgekehrt ist). Soll man, so mögen Politiker denken, als reiches Ölland wirklich eine Energiewende vorantreiben? Soll man beim Klimaschutz globale Abkommen schließen, die kurzfristig auch Geld kosten?

Es geht also um politische und wirtschaftliche Macht. Aber angesichts der beschriebenen wechselseitigen Beeinflussung geht es – wir sahen es – ebenso um Eigeninteressen von uns allen.[45] Unternehmen wollen sich wie Politiker am Markt behaupten und würden womöglich vom Kunden »abgewählt«, wenn sie nur noch Ökoprodukte anböten. Umgekehrt kann ein Bürger oder Kunde nur ein solches Angebot wählen beziehungsweise kaufen, welches ihm tatsächlich gemacht wird. Nicht zu verkennen ist, dass man teilweise mit Nachhaltigkeit auch Geschäfte machen kann, etwa mit der Energieeffizienz. Innerhalb dieses Rahmens wird Nachhaltigkeit dann von vielen betrieben. Für drastische Ziele wie einen schnellen Vollausstieg aus den fossilen Brennstoffen und eine suffizienzgesteuerte Überwindung der Wachstumsgesellschaft (Kapitel 6 – 7) reicht das jedoch nicht.

Dass es hier eben um ein Wechselspiel und nicht allein um Politiker oder Unternehmer geht, erklärt zugleich, warum in den nichtkapitalistischen Ökonomien des ehemaligen Ostblocks offenbar auch keine Eigeninteressen an stärkerer Ressourcenschonung wirksam wurden. Zwar war dort der Wohlstand meist geringer, was die Umwelt hätte schonen können; gleichzeitig fehlte aber teilweise das für kapitalistische Akteure so typische Streben nach Wirtschaftlichkeit, das manchmal Ressourcen schon aus Kostengründen schont.

Übrigens handeln auch und gerade Diktatoren und nicht nur demokratische Politiker tendenziell eigennützig – weswegen nicht etwa die Demokratie zum Haupthemmschuh des gesellschaftlichen Wandels stilisiert werden kann. Eigennutzenstreben ist vielmehr ein allgemeinmenschliches Phänomen, selbst wenn marxistisch inspirierte Kritiker an »Konzerninteressen« und Kapitalismus dies mitunter zu wenig betonen.[46] Spezielle Konstellationen wie das Konsensprinzip in den internationalen Klimaverhandlungen lassen das Eigennutzenstreben besonders problematisch wirken, doch lenken solche Feststellungen schnell davon ab, dass nahezu alle Beteiligten nur mäßig an wirklich einschneidenden Nachhaltigkeitsmaßnahmen interessiert sind: Politiker, Unternehmer und Bürger aller Nationen. Für jene Allgegenwärtigkeit des Eigennutzenstrebens gibt es auch evolutionsbiologische Anhaltspunkte; immerhin sind die Menschen das Produkt der Evolution, die auf Auslese beruht. Diesen Punkt und die genau deswegen gerade nicht überwiegend altruistische Veranlagung des Menschen betrachten wir später noch ausführlich (Kapitel 20).

Eines kann man an alledem noch einmal erkennen: Menschliche Verhaltensantriebe verdichten sich zu Strukturen. Eine davon ist ein Wirtschaftssystem wie der Kapitalismus. Eine weitere ist ein politisches System wie die freiheitliche, gewaltenteilige Demokratie. Institutionen und Organisationen entwickeln dabei eine Eigenlogik, die wiederum die menschlichen Verhaltensantriebe spiegelt, etwa das Eigennutzenstreben.

Aus der systemtheoretischen Perspektive eines Niklas Luhmann etwa kann jedes soziale System wie Wirtschaft, Recht oder Politik je nur auf einen binären Code reagieren (»zahlen/nicht zahlen«, »Recht/Unrecht«, »Regierung/Opposition«). Individuen kommen in jener Theorie nicht vor; der Einzelne existiert gleichsam nur, sofern er ein Element von Politik, Wirtschaft usw. ist, durch deren »Sachzwänge« er als quasi determiniert gedacht wird. Dies wird im Kern mit einer konstruktivistischen Erkenntnistheorie untermauert: Alle sozialen Systeme seien komplett auf sich selbst bezogen; denn Tatsachen (und Normen) seien eben immer nur subjektiv, respektive »Konstruktion«, und jeder könne die Welt nur aus seiner Sicht sehen. Deswegen könne auch niemand aus gegebenen Logiken ausbrechen. Wenn damit in Hegelscher Tradition ein menschliches Dazulernen weitestgehend ausgeschlossen wird, erscheint das freilich deutlich übertrieben.

Abgesehen davon ergibt es keinen Sinn, die Möglichkeit von Fakten generell zu leugnen (und damit zum Beispiel auch von Erkenntnissen über den gesellschaftlichen Wandel). Denn wer Fakten für per se inexistent erklärt, kann auch dieser Aussage selbst keine Wahrheit zuschreiben. Die Systemtheorie wüsste dann per se auch nichts darüber, wie Gesellschaften und Individuen sich verändern, würde sich also komplett selbst den Boden entziehen. Natürlich bleibt zutreffend, dass Menschen zu subjektiven Sichtweisen neigen (näher Kapitel 16). Nennen wir das den soziologischen Konstruktivismus. Doch dass objektiv nichts in der Welt erkennbar ist, auch durch noch so kritische Prüfung von Erkenntnissen, Diskurse mit anderen et cetera – ein solcher erkenntnistheoretischer oder philosophischer Konstruktivismus wäre eben nicht haltbar.

Ferner ist sehr zweifelhaft, ob man wirklich alles auf politische und wirtschaftliche Macht schieben kann. Bei näherem Besehen ist nämlich trotz aller Relevanz des Eigennutzenstrebens ziemlich offenkundig, dass Menschen weder den ganzen Tag bewusst kalkulieren noch durchgängig egoistisch handeln oder gar bewusst alle Faktoren abwägen und dann in Ruhe entscheiden. Wiederum genügt ein kritischer Blick auf sich selbst, um das festzustellen. Das Bild vom immer und ausschließlich kalkulierenden und eigennützigen Menschen ist schön einfach – aber es ist eben zu platt, um wahr zu sein, auch wenn die Wirtschaftswissenschaften (trotz differenzierter Forschungsergebnisse selbst von Ökonomen) bis heute maßgeblich auf diesem simplen Bild aufbauen. Weder werden sorgfältig alle entscheidungsrelevanten Faktoren von Politikern, Unternehmern oder uns allen identifiziert, noch haben wir immer ausschließlich unser eigenes Wohl im Sinn. Häufig suchen wir einfach nur Bequemlichkeit, folgen Gewohnheiten oder verdrängen Dinge. Oder wir handeln tatsächlich altruistisch, wenn auch vielleicht seltener, als manche glauben.

Wer sozialen Wandel allein so auslösen möchte, dass er Eigennutzenkalküle berücksichtigt und zu beeinflussen versucht, adressiert demnach zwar einen wichtigen Punkt. Insgesamt greift man damit jedoch zu kurz. Auch bei der Nachhaltigkeit ist also nicht die einzige Frage, welche finanziellen Vorteile jemand aus ihr ziehen kann und wer wie viel politische Macht erlangen kann. Eine einseitig ökonomische Diskussion zum Beispiel über unternehmerische Gewinnchancen durch mehr Ressourceneffizienz – oder über parteipolitische Mehrheiten – wäre deshalb unvollständig, so wichtig der Aspekt auch ist.

13

Gene, Evolutionsbiologie, Hirnforschung: wichtig, aber überschätzt – was Sexualverhalten und NS-Geschichte gemeinsam haben

Im Eigennutzenstreben scheinen sich die Menschen weltweit zu gleichen. Auch darin, dass wir häufig dann doch nicht so rational sind und andere Faktoren die Oberhand gewinnen, gleichen wir uns, wie wir in den folgenden Kapiteln noch sehen werden. Fälle übermäßiger Inanspruchnahme der Lebensgrundlagen finden sich außerdem überall auf der Erde und in der Geschichte.[47] Diese Punkte legen einen Bezug zu menschlichen und letztlich biologisch fundierten Grundeigenschaften nahe. Der Mensch ist ja im Ursprung ein Wesen, das aus einer biologischen Evolutionsgeschichte hervorgegangen ist und als Lebewesen in bestimmten Hinsichten durch sein in der Evolution geprägtes Genmaterial geprägt wird.

Näher hat sich dem in den letzten Jahrzehnten die Soziobiologie gewidmet[48], welche die Evolutions- und Genforschung weiterführt und explizit auf die Erklärung gesellschaftlicher Gegebenheiten anwendet. Die Soziobiologie erklärt das menschliche Eigennutzenstreben, aber auch weniger rationale menschliche Neigungen vor ihrem angenommenen biologischen Hintergrund. Die große Frage dabei ist, wie sehr Tendenzen wie das Eigennutzenstreben dem Mensch als Menschen eigen sind oder ob sie vielmehr erst das Produkt einer bestimmten Kultur (etwa einer kapitalistischen) sind. Man betritt mit der Scheidung Biologie versus Kultur eine Ebene hinter den Verhaltensantrieben. Denn man kann für den Eigennutzen wie auch für mögliche andere Verhaltensantriebe fragen, ob sie stammesgeschichtlich oder eher kulturell gewachsen sind.

Ähnlich wie beim Eigennutzen wird im Falle biologischer Faktoren für persönlichen und gesellschaftlichen Wandel eine sehr einfache, nur jetzt eben etwas tiefergehende Erklärung präsentiert, die interessante Perspektiven bietet, aber auch einige Fragen aufwirft. Biologische Zugänge zu Verhalten und Wandel leugnen die Relevanz des Faktors Kultur nicht, versuchen aber gleichwohl, menschliches Verhalten ziemlich weitgehend durch genetische Anlagen zu erklären. Dass der Mensch einem Evolutionsprozess entstammt und somit kompetitive, eigennützige Eigenschaften hat, ist dabei eine zentrale, allerdings auch wenig überraschende (wenngleich für manche wohl empörende) Feststellung. Der Umstand als solcher, dass der Mensch dem Tierreich entstammt, ist nicht zu leugnen. Das heißt dann aber, dass die Konkurrenz um die überlebenstauglichsten Eigenschaften ihn geprägt hat, gerade in der Partnerwahl, aber eben nicht nur. Vieles spricht daher für eine biologische Verwurzelung jedenfalls teilweise eigennütziger Tendenzen beim Menschen. Dies regt viele auf, besonders wenn daraus Schlüsse auf das Paarungsverhalten des Menschen gezogen werden. Aber es lässt sich kaum ernsthaft in Gänze leugnen.

Soziobiologische Forscher zeigen anhand vielfältiger Beobachtungen aus menschlichem wie auch tierischem Verhalten sowie aus grundsätzlichen Bedingungen des Funktionierens der Evolution heraus, dass die Evolution neben der Konkurrenz zwischen Individuen immer auch eine kooperative, nämlich auf Gegenseitigkeit, Ansehen, Begünstigung von Verwandten, sogar ein Sich-Aufopfern für eine abgegrenzte Gruppe abzielende Seite hatte.[49] Demgemäß sei der partielle menschliche Altruismus letztlich ein Gruppenegoismus. Gruppen, in denen die Mitglieder wenigstens teilweise selbstlos kooperierten, sind in der Stammesgeschichte schlicht erfolgreicher gewesen.

Dies macht plausibel, dass Menschen zwar eigennützig agieren, aber eben nicht rein individuell eigennützig, sondern manchmal gar für Familie, Stamm oder Nation zu sterben bereit sind – und dass sie damit Werthaltungen und (teils) altruistische Gefühle zeigen. Neben der Notwendigkeit sozialer Koordination macht auch die (Über-) Komplexität der Welt plausibel, dass Menschen in der Evolution eine Befähigung zu Orientierungssystemen wie Emotionen ausgebildet haben, denn ein bewusstes (eigennütziges oder altruistisches)

Kalkulieren sämtlicher Aspekte menschlicher Entscheidungen wäre kaum möglich. Anerkennungssuche, Kurzzeitdenken oder Bequemlichkeit können so zum Beispiel als Faktoren gedeutet werden, die den Blick auf das fürs Überleben – das unter Steinzeitbedingungen stets prekär war – Wesentliche lenken und den Zusammenhalt untereinander stärken. Damit wird deutlich: Das Eigennutzenstreben hat eine biologische Grundlage; diese Grundlage ist jedoch zugleich ein Zugang zu weiteren wichtigen menschlichen Handlungs- und damit auch Veränderungsantrieben.

Mitunter übertreiben Soziobiologen, deren einflussreichster Edward Wilson ist, allerdings die Leistungsfähigkeit ihrer naturwissenschaftlichen Verhaltens- und damit auch Wandelsanalyse. Wie aus einem Gen ein konkretes Verhalten wird, ist zum Beispiel trotz der hohen Plausibilität der geschilderten Befunde immer noch weitgehend unklar. Die in der Soziobiologie geäußerte Gleichsetzung von Wissenschaftlichkeit und Exaktheit mit den Naturwissenschaften erweist sich hier exemplarisch als etwas holzschnittartig.[50] Zudem zeigt die Variabilität menschlichen Lebens auf der Erde, dass Menschen eine Kultur ausprägen. Und diese verschiedenen Kulturen können dann für den Einzelnen in ganz unterschiedliche Richtungen handlungsleitend werden. Letztlich greifen offenkundig kulturelle und biologische Elemente bei der Genese menschlichen Verhaltens in oft nicht ganz klarer Weise ineinander. Und keinesfalls ist es so, dass biologische Einflüsse per se unweigerlich prägend wären, wogegen kulturelle Faktoren sich ändern ließen.[51] Um dies nachweisen zu können, weiß man schlicht zu wenig über das genaue Wirken der Gene und überhaupt über den Inhalt des menschlichen Genmaterials.

An dieser Stelle eine Randbemerkung zu Ethik und Recht: Soziobiologen verstehen auch die Sein-Sollen-Scheidung nicht oder nicht voll. Sie realisieren also nicht, dass Erklärungen zum faktischen Zustandekommen von Wertvorstellungen nichts darüber aussagen, ob diese ethisch gerechtfertigt sind oder nicht. Erklären kann man im Leben vieles. Doch selbst wenn menschliches Verhalten bis hin zu Tendenzen wie kollektiver Gewaltausübung evolutionäre Grundlagen haben mag, besagt das nichts darüber, ob es zu begrüßen oder zu verurteilen ist. Den Nationalsozialismus erklären zu können, heißt eben nicht, dass man ihn als richtig rechtfertigen könnte. Deshalb ist auch der Anspruch verfehlt, Gene und Evolution (zumal angesichts ihrer wie gesehen nicht deterministischen Wirkung) als Totalerklärung für Verhalten und zugleich noch als Ersatz für Ethik und Recht in Stellung zu bringen. Selbst wenn es zutreffen dürfte, dass Altruismus evolutionsbiologisch als Gruppenegoismus entstanden ist, dann beweist das beispielsweise nicht, dass ethische und rechtliche Verpflichtungen zu mehr Nachhaltigkeit (zu diesen in Kapitel 22) normativ falsch sind. Es erklärt allerdings teilweise, warum es altruistische Forderungen ziemlich schwer haben, die wie beim Klimawandel nicht auf Gruppen, sondern letztlich auf die ganze Welt abzielen.

Nun erhalten die Soziobiologen seit einiger Zeit Unterstützung durch die Neurowissenschaften, die die biologische Basis menschlichen Verhaltens und damit auch des Phänomens Wandel mit großer medialer Aufmerksamkeit weiter zu erhellen versuchen. Anhand bildgebender Analyseverfahren möchte diese Forschungsrichtung Einblicke in die menschliche Gehirnstruktur nehmen und daraus auch umfassende, zwingende und gegebenenfalls gar abschließende Schlussfolgerungen über menschliche Verhaltensantriebe ableiten. Diesen sehr weitgehenden Anspruch haben bereits viele Hirnforscher selbst[52] durch eine umfassende Kritik der Hirnforschung auf ein sehr viel bescheideneres Maß zurückgestutzt. Das Gehirn ist letztlich durch ein zu komplexes Zusammenwirken verschiedener Areale bestimmt, die meisten Hirnareale werden für völlig unterschiedliche Handlungsantriebe aktiviert, und die Bildgebung ist relativ ungenau, denn sie misst Hirnaktivitäten über Blutflüsse. Wo im Gehirn genau welche Antriebe entstehen, ist schlicht noch nicht klar.

Zudem ist die Art der Repräsentanz des Geistes in der (hier: Gehirn-)Materie unverändert in einem fundamentalen Sinne unklar. Thomas Nagel hat dieses Jahrtausende alte Leib-Seele-Problem so umschrieben: Selbst wenn man alles über das Gehirn einer Fledermaus wüsste, wüsste man vermutlich immer noch nicht, wie es sich aus der Innenperspektive anfühlt, eine Fledermaus zu sein.[53] Die Hirnforschung aber hat eine gewisse Tendenz zu übergehen, dass der menschliche Geist nicht auf ein physisches Abbild im Gehirn reduziert werden kann, sondern vielmehr Gehirn-Materie und Geist sich wechselseitig zu beeinflussen scheinen.

Deswegen gehen die Hirnforscher auch mit ihrer drastischen These auf Grundeis, ein in der physikalischen Welt der Kausalitäten beheimateter Mensch könne notwendigerweise keine Willensfreiheit haben. Auch wenn es vielen Naturwissenschaftlern ganz selbstverständlich erscheint, kann also naturwissenschaftliche Forschung nicht etwa jedes Reden von gewollter Veränderung von vornherein ad absurdum führen. Vielmehr weist gerade die im letzten Absatz beschriebene Wechselwirkung darauf hin, dass die Willensfreiheit ein paradoxes und damit letztlich gegenstandsloses Problem darstellen dürfte: Gäbe es die Willensfreiheit nicht, bräuchte und könnte man auch nicht sinnvoll über sie streiten – oder überhaupt über irgendetwas im Leben streiten. Darüber helfen auch keine hirnforscherischen Experimente hinweg, die zeigen, dass man im Gehirn etwas beobachten kann, wenn ich einen Gedanken fasse. Sicher trifft dies zu. Doch niemand sagt, dass die Wirkung nur in die eine Richtung, sozusagen von der Hirnmaterie zum Gedanken hin, läuft.

Eher irreführend ist deshalb auch die Trennung von vermeintlich äußerlich und vermeintlich rein autonom geprägten Motiven (extrinsisch versus intrinsisch), da schlussendlich alles, was Menschen tun, von irgendjemandem oder von irgendetwas beeinflusst ist. Verwirft man jene Trennung, erspart das auch Kontroversen wie jene in den Erziehungswissenschaften, ob Kinder ihre Verhaltensantriebe als Form von Selbstausdruck, als Lernen von den Eltern oder im Rahmen eines Wunsches nach dem Kennenlernen von Regeln ausbilden. Ich wüsste nicht, warum das eine das andere ausschließt.

Die damit offenkundig begrenzte stammesgeschichtliche Determination der Menschheit führt zu der Frage, inwieweit menschliche Verhaltensantriebe kulturell variieren, ob also Normalitätsvorstellungen, Werthaltungen, Gefühle oder Eigennutzen teilweise kulturell geprägt sind. Der breite Faktor Kultur umfasst hier alles bis hin zum Wirtschaftssystem. Dem ist noch ausführlich nachzugehen. Und vor allem soll überhaupt erst einmal rekonstruiert werden, was es mit diesen anderen Faktoren jenseits des Eigennutzens auf sich hat.

14

Kindheit und Familie: wichtig, aber zuweilen überschätzt

Hinter Motivations- und damit Veränderungsfaktoren wie Eigennutzen oder Emotionen stehen die menschliche Evolutionsgeschichte und kulturelle Faktoren. Jeder Mensch erwirbt die kulturellen Faktoren und aktiviert die biologischen Faktoren im Rahmen seines persönlichen und von immer neuen Veränderungen geprägten Werdegangs, der soziologisch auch als Sozialisation bezeichnet werden kann. Viele möchten das allerdings dahingehend ergänzt wissen, dass dies nicht nur ein genereller Vorgang ist, sondern dass die ganz persönliche Note der Biographie ebenfalls den Eigennutzen, die Gefühle und so weiter präge. Das wird im Ernst niemand bestreiten, selbst auf gesellschaftlicher Ebene nicht: Die unglückliche Kindheit Hitlers mit dem harschen Vater und der desorientierten Mutter, die er unfreiwillig in »Mein Kampf« dokumentiert hat, könnte etwa Anteil an seiner fatalen politischen Lebensgeschichte gehabt haben. Oder auch viel allgemeiner und banaler: Wir alle haben in früher Kindheit stark auf unsere Eltern reagiert, und vieles, was wir taten und zum Teil bis heute tun, hat in jener ersten Nachahmung oder auch Opposition partiell eine Basis.

Gleichzeitig scheinen ähnliche Lebensumstände auf verschiedene Menschen total unterschiedlich zu wirken. Schematische Erklärungen wie die, dass manche Menschen eben jede belastende Begebenheit verdrängen, können dies kaum abschließend erklären. Außerdem kann niemand Menschenversuche machen und einen Menschen zweimal durch unterschiedliche Biographien laufen lassen. Allenfalls kann man eineiige Zwillinge beobachten – und stellt dann schnell fest, dass es neben den Lebensumständen auch angeborene Prägungen gibt. Dazu kommt, dass auch die sprichwörtliche Kindheit, also das eigene Umfeld, wiederum Menschen reflektiert, die Verhaltensfaktoren unterliegen, also Eigennutzen, Emotionen und so weiter wie auch die dahinter stehenden biologischen und kulturellen Aspekte. Insofern kann man die individuelle Biographie vielleicht einen besonderen Kulturfaktor nennen: Ihre Behandlung lohnt primär, wenn tatsächlich die ganz individuelle Lebenssituation eines Menschen und nicht so sehr ein gesellschaftliches Problem erklärt werden soll, jedenfalls sofern es nicht wie die NS-Zeit so massiv von Wahnvorstellungen eines Einzelnen überlagert ist.

Selbst wenn man sich einfach nur persönlich ändern will, kann man mit Selbstbetrachtungen über das Ziel hinausschießen. Und zwar nicht nur dahingehend, dass eine ausgedehnte Nabelschau blockierend wirken könnte (wie dies vielleicht Verhaltenstherapeuten gegen Psychoanalytiker geltend machen würden), sondern auch umgekehrt: Einige Lebenshilfe-Ratgeber tun dies, wenn sie zu autosuggestiven Methoden wie der mentalen Selbstprogrammierung raten und behaupten, man könnte sich selbst total revolutionieren. Ich zum Beispiel blicke gerne hinter die Dinge und versuche Vorurteile und Gruppengefühle zu dekonstruieren, auch wenn Wünsche nach einfachen Wahrheiten und Gruppenkompatibilität anders besser bedienbar wären. Ein bewusster Plan steht dahinter nicht. Ich mache das einfach schon immer. Könnte ich das etwa durch mentale Selbstprogrammierung abstellen? Mentale Selbstprogrammierung zielt darauf ab, hinderliche Vorstellungen wie zum Beispiel ein geringes Selbstbewusstsein zu überwinden, um bestimmte Ziele besser erreichen zu können, ob es die Karriere, die perfektere Beziehung oder das Verdoppeln der erotischen Dates ist. Wendet man die empfohlenen Methoden an, stellt man nur leider fest: So ganz einfach kommt man aus seiner Haut dann doch nicht raus. Wandel ist komplex, ohne dass Zaubertricks dies grundlegend ändern könnten.

Teil III

Verhalten und Wandel umfassender verstehen

15

Normalitätsvorstellungen: unbewusst, allgegenwärtig, stabil – und doch wandelbar, bis hin zum Totalitarismus

Bis hierher sind wichtige, aber oft überschätzte Faktoren für Wandel und Veränderung beim Einzelnen und in der Gesellschaft unter die Lupe genommen worden. Wissen zählt, Eigennutzen zählt. Daneben spielen jedoch weniger rationale, weniger kalkulierende und weniger bewusste Aspekte wie Emotionen eine Rolle. Und hinter allen Verhaltensantrieben wird die menschliche Stammesgeschichte, aber auch die menschliche Kultur sichtbar. In den folgenden Kapiteln wendet sich der Blick einigen Faktoren zu, die oft vergessen werden. Nur wenn sie adäquat erfasst sind, wird Wandel verständlich. Was prägt also neben Wissen und Eigennutzen menschliches Verhalten und damit auch gesellschaftliche (und individuelle) Veränderung?

Sehr dominant erscheint neben dem Eigennutzenstreben die menschliche Neigung zur Konformität respektive zu Normalitätsvorstellungen, also zur Orientierung an anderen Menschen und an dem, was »üblich« ist. Statt von Normalitätsvorstellungen kann man auch von mentalen Infrastrukturen, Baselines, Gruppendenken oder vorbewussten Ordnungen sprechen.[54] Normalitätsvorstellungen gehen dabei über bloße eingeschliffene Gewohnheiten hinaus (zu diesen und anderen Gefühlen im Kapitel 16). Denn sie verbinden sich mit der Vorstellung, etwas sei »üblich«. Normalitätsvorstellungen sind durch ihren halb- oder unbewussten sowie alltagskulturell geprägten Charakter von Werthaltungen zu unterscheiden, wenngleich es Überschneidungen geben mag, zum Beispiel bei Fragen der Art, ob Homosexualität als »normal« angesehen wird oder nicht.

Normalitätsvorstellungen sind typischerweise vielen Menschen gemeinsam, können aber von Mensch zu Mensch variieren oder sich auf Gruppen reduzieren, gerade in der pluralistischen modernen

Welt.[55] Weder Gewohnheiten noch Normalitätsvorstellungen müssen irgendwann bewusst angenommen worden sein. Vielmehr dürfte es sich um einen schleichenden Prozess handeln, wobei gerade die Sozialisation in der Kindheit und in der jeweiligen Kultur[56] eine wichtige Rolle spielt. Auch die Eigenlogik von Organisationen kann stark prägend wirken, wobei Organisationen selbst grausame Verbrechen wie Völkermord manchmal ihren Mitgliedern als »normal« beibringen.[57] Umgekehrt nehmen wir alle durch unser alltägliches, aktives Handeln daran teil, Normalitätsvorstellungen fortzuschreiben oder, sei es unbewusst oder bewusst, zu modifizieren. Normalitätsvorstellungen gibt es schon bei banalsten Alltagsphänomenen, etwa dabei, ob man in der U-Bahn mit fremden Leuten spricht, ob man sich zur Begrüßung die Hand gibt und so weiter. Sichtbar wird dies etwa, wenn Menschen mit unterschiedlichem kulturellen Hintergrund einander begegnen.

Im Nachhaltigkeitskontext gilt: Ungeachtet aller intellektuellen Einsichten leben wir unverändert in einer Hochemissionswelt. Jedenfalls in den Industriestaaten und den Schwellenländer-Oberschichten, und fast der ganze Rest der Welt eifert dem nach. Wenn man dieses Buch weglegt, ist das nächste Fleischbuffet, die nächste Autofahrt zur Arbeit oder eben der nächste Urlaubsflug meist nicht weit. Fleisch, Fahrten und Flüge sind heutzutage schlicht üblich, solange man sie sich finanziell leisten kann. Verabschiedet man sich gänzlich von Flugreisen, gerät man sozial womöglich als Sonderling unter Druck. Zudem befindet man sich bei Fortsetzung des aktuellen Lebensstils in Übereinstimmung mit dem Lebensstil des eigenen gesellschaftlichen Umfeldes, in dem entsprechende Wohnungen, Autos und Fernreisen als erstrebenswert markiert sind.[58] Ferner sind gerade Unternehmer und Politiker in aller Regel exakt diesen luxuriösen Lebensstil gewöhnt, über dessen Abschaffung sie befinden müssten. Mit vorhersehbarem Ergebnis: Ein großer ökologischer Fußabdruck ist normal, Nachhaltigkeit ist es trotz allen intellektuellen Redens darüber nicht – auch nicht für die Redenden selbst.

Normalitätsvorstellungen lassen sich naturgemäß noch schwerer als Eigennutzenkalküle in Befragungen ermitteln, weil sie eben oft nicht bewusst sind. Die Selbst- und Fremdbeobachtung einschließlich der eben angestellten Überlegungen macht ihre Existenz jedoch gerade im Nachhaltigkeitskontext in hohem Maße plausibel. Denn unser aller Verhalten bleibt auch hier gegen ganz bewusste und kalkulierende Überlegungen (mögen sie eigennützig oder auch altruistisch sein) immer wieder immun. Testweise empfiehlt es sich, mit beliebigen Mitmenschen eine Nachhaltigkeitsdiskussion zu beginnen, nach der man sich wundern wird, wie wenig praktische Folgen dies für die Person anschließend hat, selbst dann, wenn kaum eigennutzenbezogene Nachteile drohen und klare Werthaltungen pro Nachhaltigkeit erkennbar sind. Besonders offenkundig ist das, wenn wie beim Klimawandel viele Dinge unsicher erscheinen.[59] Denn dann stößt das kalkulierende Denken besonders deutlich an Grenzen.

Wir setzen also vieles als »normal« voraus, ohne dass das allein über eigennützige Kalküle, bewusst begründete Werte oder auch ganz generelle Emotionen wie die Neigung zu Gewohnheiten oder Bequemlichkeit vollständig fassbar wäre. Auch weil das als »normal« Vorausgesetzte sich offenkundig wandelt, ist hierfür eine separate Kategorie nötig – neben den Gefühlen, die in dem grundsätzlichen Vorhandensein von Faktoren wie Bequemlichkeit eher eine menschliche Konstante darstellen könnten (dazu im nächsten Kapitel). Nur durch Normalitätsvorstellungen wird auch das Verhalten von Menschen unter totalitären Regierungssystemen voll erklärlich, wo nette, freundliche Menschen schrittweise zu Schlächtern ohne nennenswertes Unrechtsbewusstsein mutieren können. Gut sichtbar ist das zum Beispiel in einer umfangreichen Auswertung von geheim (und ergo unbeeinflusst) aufgezeichneten Gesprächen von Wehrmachtssoldaten in Gefangenschaft im Zweiten Weltkrieg.[60] Das Zusammenspiel von Normalitätsvorstellungen mit emotionalen Dispositionen wie einer Neigung zur Suche nach Sündenböcken wird noch thematisiert werden.

Irrig wäre freilich der Gedanke, Normalitätsvorstellungen könnten sich in beliebige Richtungen entwickeln. Die Mitwirkung ganz normaler Menschen an der NS-Diktatur erscheint dann plötzlich genauso wahrscheinlich wie ihre Mitwirkung an einer Transformation zur Nachhaltigkeit. Dies verkennt, dass totalitäre Staaten und ihre Propaganda viel direkter an menschliche Emotionen und Eigennutzenkalkulationen anknüpfen können, als dies etwa beim Klimaschutz möglich wäre.[61] Allein Normalitätsvorstellungen als Erklärer von Verhalten und Wandel zu verstehen, wäre eben wieder einseitig.

Also ist mit einer wechselseitigen Beeinflussung nicht nur der Akteure, sondern auch der Faktoren zu rechnen, wie nachstehend immer wieder deutlich werden wird. Eigennutzenkalküle werden zum Beispiel durch Normalitätsvorstellungen erst in eine bestimmte Richtung gelenkt. Und quer zu allen anderen Faktoren liegt die kulturelle und evolutionsbiologische Prägung jener Faktoren, denn Normalitätsvorstellungen variieren in ihren Inhalten ebenso stark, wie sie in ihrer grundsätzlichen Existenz eine menschliche Konstante darstellen. So war es in Japan noch vor 70 Jahren als Soldat absolut erstrebenswert, in einem Krieg zu fallen, denn die Heimkehr hätte den Mann selbst als sozial zu ächtenden Feigling gebrandmarkt, einschließlich seiner Familie. Das konnte selbst einen Selbstmord als »eigennützig« in einer ziemlich seltsamen kulturellen Ausprägung erscheinen lassen.

Bis hierher muss man also mindestens Wissensfragen, Eigennutzenkalküle und Normalitätsvorstellungen gleichzeitig im Blick haben, wenn man sozialen Wandel konstruktiv beeinflussen möchte.

16

Gefühle: von Gewohnheit, Verdrängung, Anerkennungsstreben und Ausreden

Der vielleicht wichtigste Faktor für die Nachhaltigkeit und für den Wandel allgemein klang bisher nur kurz an und soll jetzt vertieft werden: Gefühle. Es ist vielfältig beobachtbar und dokumentiert, dass zum Beispiel zur Verfolgung eines Ziels gerade nicht das effektivste Mittel gewählt wird, zum Beispiel aufgrund eines durch subjektive Gefühle überformten Wissens. Das kann nicht allein daran liegen, dass wir naturgemäß unterschiedliche, miteinander konkurrierende Ziele verfolgen, weswegen die effektive Verfolgung etwa des Ziels Klimaschutz der effektiven Verfolgung des Ziels Gewinnmaximierung unter Umständen nicht immer dienlich wäre. Dass die Zielkonkurrenz unsere nicht-kalkulierende Seite keineswegs allein erklärt, erhellt schon daraus, dass auch Ziele keineswegs immer bewusst begründeten Werten oder eigennützigen Präferenzen entsprechen[62], wie es bestimmte wirtschafts- und politikwissenschaftliche Stereotypen[63] suggerieren.

Aufgerufen ist aus dem nicht-kalkulierenden und un- oder halbbewussten Kosmos neben Normalitätsvorstellungen damit der Faktor Gefühle. Gefühle sind zugleich der offensichtlichste Ausdruck des evolutionsgeschichtlichen Erbes der Menschheit. Aus alltäglicher Selbst- und Fremdbeobachtung geläufig sind Neigungen zu Gewohnheit, Bequemlichkeit, Verdrängung, Geltungsdrang und Selbsterhaltung. Außerdem kennen wir den Wunsch nach Anerkennung und Vertrauen, nach Komplexitätsreduktion und Faustregeln. Wir glauben gerne an »Geschichten« und einfache Wahrheiten und tun uns gleichzeitig oft schwer mit großer Komplexität. Lieber verallgemeinern wir rein anekdotische Eindrücke und folgen eventuell auch einem religiösen Empfinden. Wir suchen nach dem eigenen »Rang« und lassen durch eine eingeschränkte subjektive Wahrnehmung die Überformung unseres Wissen, unserer Werte und sogar unseres Eigennutzens zu. Schauen wir uns einiges etwas näher an:

Die Existenz gerade von Gewohnheiten, von Bequemlichkeit und von Kurzsichtigkeit deutet sich selbst in Befragungen sowie in Experimenten an (bei denen Spieler zum Beispiel nicht die leicht ausrechenbare gewinnträchtigste Methode des Spielens wählen[64]), ebenso in Alltagsbeobachtungen bis hin zu historischen Ereignissen und zur Selbstbeobachtung.[65] Viele Verhaltensweisen wären unerklärlich, wenn Menschen durchgängig bewusst kalkulierend und eigennützig wären. Und es drückt auch nicht jede Verhaltensregung gleich eine Normalitätsvorstellung aus. Auch soziobiologisch und neurophysiologisch ist die Annahme starker emotionaler Antriebe plausibel, weil die Welt letztlich zu komplex ist, um komplett rational erfasst und kalkuliert werden zu können; zudem funktioniert die menschliche Reproduktion zentral über emotionale Antriebe.[66] Das kam schon zur Sprache. Diese mehrfache Plausibilisierung des Faktors Gefühle ist wichtig, weil ein so weitgehend unbewusst ablaufendes Phänomen sonst schwer zu fassen wäre.

Die Struktur von globalen Nachhaltigkeitsproblemen wie dem Klimawandel bietet mannigfaltige Anknüpfungspunkte für das Wirksamwerden von Gefühlen, auch hier wieder im eher hinderlichen Sinne.[67] Dem bewusst kalkulierten Handeln stellt sich gerade beim Klimawandel schon die erwähnte Unsicherheit der genauen Vor- und Nachteile eines Tuns oder Unterlassens in den Weg, die neben Normalitätsvorstellungen auch emotionale Orientierungen als Kompass stark werden lassen.[68] Man kann nur schwer ein emotionales Verhältnis herstellen zu nicht nur unsicheren, sondern auch noch räumlich und zeitlich entfernten, unsichtbaren, in hochkomplexen Kausalitäten verursachten und daher nur schwer vorstellbaren[69], zudem mit anderen Problemen verknüpften und nur durch ein systemisches Denken auflösbaren Nachhaltigkeitsproblemen wie Klimaschäden. Dagegen sind die konkreten Vorteile der täglichen Autofahrt zur Arbeit hier und heute sehr gut fühlbar. Oder dass meine Freundin traurig ist, weil ich nicht mit ihr nach Ägypten fliege.

Dass raumzeitliche Entfernung die Empathie massiv reduziert, ist nicht allein ein wiederkehrender Befund der Selbst- und Fremdbeobachtung. So bleibt zum Beispiel den wenigsten Menschen das Abendessen im Halse stecken, wenn sie im Fernsehen von Kriegen oder Unglücken mit Tausenden oder mehr Toten hören. Vielmehr zeigt sich dies auch in der experimentellen Psychologie, etwa im berühmten Milgram-Experiment, wo Probanden auf Anweisung einer angeblichen Autoritätsperson zum Zwecke der Erkenntnisgewinnung über Lernprozesse unter Strafandrohung Versuchspersonen mit Stromstößen bestrafen und am Ende (vermeintlich) töten.[70] Offenkundig bringen Menschen gefühlsmäßig ein beachtliches Talent zur Bequemlichkeit mit, zum Verweilen beim Gewohnten, zum Verdrängen unliebsamer Zusammenhänge[71] und dazu, andere noch schlimmer zu finden und sich damit zu rechtfertigen. Dass »die Chinesen mit ihren Kohlekraftwerken« oder »die Geländewagenfahrer« vielleicht einen kleineren ökologischen Fußabdruck haben als man selbst als Urlaubsflieger, fällt dabei den meisten offenbar nicht auf.

Auch die evolutionsbiologisch aus dem frühen Dauerzustand von Nahrungs- und anderen Knappheiten erklärbare Neigung nach »Mehrung« des eigenen Bestands (an Wählerstimmen, an Unternehmensgewinnen, an persönlichem Besitz) ist ein sehr menschliches Gefühl und mag dazu geführt haben, selbst da noch immer mehr zu wollen, wo einem praktisch kein konkreter Eigennutzen mehr erwächst. In die gleiche Richtung wirkt das von diversen Seiten konstatierte menschliche Streben, sich Anerkennung bei anderen Menschen etwa durch materielle (und gegebenenfalls ressourcenintensive) »Positionsgüter« zu verschaffen, die einem Identität und einen Platz im sozialen Netzwerk zuweisen. Dies geschieht etwa durch das Erstreben von Dingen, die mir selbst und den Mitmenschen zeigen, dass ich ein gut dastehender, netter, weltoffener, eben auch mal mit einer klimaschädlichen Fernreise Südamerika erkundender Mensch bin. Verstärkt werden könnte all dies wohl dadurch, dass Menschen im säkularen Zeitalter mitunter Sinnlosigkeitsgefühle haben und diese materiell zu kompensieren versuchen.[72] Dafür könnte der geradezu sakrale Charakter sprechen, mit dem viele Menschen heute beispielsweise Fernreisen als vermeintlichem Sinnstifter umgeben. Umgekehrt kann Nachhaltigkeit kaum vergleichbar konkrete Emotionen für sich mobilisieren.

Weitere emotionale Faktoren wie ein menschlicher Abwehrreflex bei Kritik haben ebenfalls Gewicht: Wer fasst sich schon gern an die eigene Nase, wer will die eigenen Urlaubsflüge debattiert wissen oder geht gar gegen sich selbst demonstrieren, wie wir alle es bei der Nachhaltigkeit im Hinblick auf unsere unzureichenden Bemühungen letztlich tun könnten? Weitere auch experimentell bestätigte menschliche Neigungen[73], die ebenfalls eher fatal im Nachhaltigkeits- und Klimakontext wirken dürften, seien hier lediglich kurz aufgezählt. Dies sind etwa das Nicht-glauben-Können kommender Katastrophen; notorisches Unterschätzen moderater Wahrscheinlichkeiten sowie des eigenen, vermeintlich »nur kleinen« Beitrags zu großen, hochkomplexen Geschehnissen (ich Urlaubsflieger versus Chinesen und Geländewagenfahrer oder wahlweise auch »die Konzerne«, deren Kunde ich doch bin). Und weiter: Neigung zu Problemlösungsversuchen mit bekannten Mitteln (die das Problem doch vielleicht gerade verursacht haben); Neigung zur Beurteilung großer Probleme anhand stark selektiver persönlicher Erfahrungen und Anekdoten.[74]

Ein besonderes Problem stellt die emotionale Strategie dar, mit der Menschen gewisse Kenntnisnahmen vermeiden. Besonders bezieht sich das darauf, dass wir die Augen davor verschließen, wie unsere Einstellungen und unser Verhalten sich widersprechen – und wie sich schon unsere Einstellungen untereinander widersprechen. Man ist beispielsweise für Nachhaltigkeit, leistet sich aber trotzdem regelmäßige Urlaubsflüge und einen hohen Konsum tierischer Nahrungsmittel. Oder wir wollen in der Eurokrise mehr Wirtschaftswachstum und fordern gleichzeitig viel mehr Klimaschutz, der wie gesehen in letzter Konsequenz die Wachstumsgesellschaft untergräbt. Diese seltsamen Widersprüche überdecken wir, indem wir Ausreden erfinden, negative Handlungen schlicht »vergessen« und positive Handlungen künstlich aufblasen oder gar dazuerfinden.[75] Solche Strategien sind gegenüber dem Klimawandel auch in Experimenten dokumentiert.[76] Direkt damit verbunden ist jedenfalls die menschliche Neigung, gleitende Veränderungen zu »übersehen«, was zum Beispiel zur Nichtwahrnehmung sich wandelnder Normalitäten wie seines eigenen steigenden Wohlstands führt, den man – bei wachsendem oder auf hohem Niveau stagnierendem ökologischen Fußabdruck – als quasi naturgegeben betrachtet.

Das Gesagte betrifft nicht nur Politiker, Unternehmer und Bürger, sondern ebenso Wissenschaftler und Umweltaktivisten, die natürlich genauso den allgemeinmenschlichen Neigungen unterliegen. Wer von den aktuellen Klimaaktivisten wirklich große Lust verspürt, künftig die Welt des Fliegens, der vielen internationalen Treffen und der ständigen Buffets weitestgehend hinter sich zu lassen, ist eine offene Frage. Erinnert sei daran, dass bei direkter Befragung viele Akteure bestimmte naheliegende, aber wenig ehrenvolle Motive zwar vielleicht bestreiten werden, dass dies jedoch wenig besagt. Sicherlich verspricht Nachhaltigkeit oft kurzfristig – und definitiv langfristig – sogar ökonomische Vorteile, außerdem die Wahrung des Weltfriedens und vielleicht sogar ein zumindest nicht geringeres Lebensglück als eine Welt der Wachstumsökonomien (dazu Kapitel 28 – 29). Doch sind die geschilderten inneren Hürden enorm, die uns hindern, unseren großen ökologischen Fußabdruck zu verkleinern, sei es durch eigenes, unternehmerisches oder politisches Handeln.

In der Tradition der Psychoanalyse seit Sigmund Freuds Tagen könnte man außerdem als spezifische Ausprägung des Faktors Gefühle fragen, ob seelische Verletzungen in der individuellen Lebensgeschichte »kompensatorisch« zu einem übermäßigen Umweltverbrauch führen können. Die Überlegung dahinter scheint zu sein, ein psychisch gesunder, von Kindheitsverletzungen freier Mensch verhalte sich gewissermaßen automatisch nachhaltig, nicht »konsumistisch«.[77] Doch selbst wenn man tatsächlich annähme, dass eine Art natürliche menschliche Empathie der Schlüssel zu mehr Nachhaltigkeit sei, bliebe ein zentraler Einwand. Jene angebliche Empathie mag vielleicht bei ausreichender eigener Befriedigung von Wünschen wie dem nach Anerkennung et cetera in gewissem Maße zu

Verhaltensweisen wie Rücksichtnahme gegenüber Freunden verhelfen. Trotzdem wird die ebenfalls natürliche Kurzzeitdeterminierung und tendenziell egoistische Grundhaltung des Menschen wahrscheinlich verhindern, dass entsprechende Empfindungen zugunsten nicht sichtbarer Menschen durchschlagen, selbst wenn wir uns alle therapieren lassen würden. Dies deckt sich mit diversen Alltagsbeobachtungen, die keineswegs darauf hindeuten, dass zum Beispiel Menschen mit stärkeren religiösen Neigungen einen geringeren ökologischen Fußabdruck hätten. Zudem ist der Ausgleich vielfältiger kollidierender Interessen gerade über große räumliche und zeitliche Entfernungen – wie Nachhaltigkeit es einfordert – ein viel zu kompliziertes Unterfangen, als dass man annehmen könnte, es existiere bei einem »therapierten« Menschen ein untrügliches Gefühl für die gerechte Konfliktlösung.

Das Zusammenspiel von Eigennutzenkalkülen, Normalitätsvorstellungen und Emotionen sowie der evolutionsbiologischen Grundierung der genannten Faktoren macht auch totalitäre Entwicklungen wie in der NS-Zeit umfassender plausibel[78], als wenn man allein auf offenkundige Faktoren wie einen verlorenen Ersten Weltkrieg, die Weltwirtschaftskrise und die antisemitische Tradition verweist. Solche ereignisgeschichtlichen und kulturellen Faktoren sind relevant; konkret prägen sie etwa Eigennutzenkalküle. Man muss jedoch die emotionale Logik einbeziehen, mit der Menschen Anerkennung suchen, sich zur eigenen Selbsterhebung Sündenböcke suchen, schlimme Entwicklungen verdrängen können und ihre Normalitätsvorstellungen schrittweise in andere (bis hin zu völlig menschenfeindlichen) Richtungen verschieben. Eine Rolle spielen auch die bis in die Steinzeit zurückzuverfolgenden und ergo biologisch grundierten, teilweise gewalttätigen Grundtendenzen der menschlichen Gattung. All jene Faktoren machen klar, dass Totalitarismus nicht etwa zwangsläufig an eine kapitalistische Wirtschaft gebunden ist – und dass ganz normale Menschen (und nicht ausschließlich Psychopathen) zu Tätern unbeschreiblicher Verbrechen werden können. Verdrängungen, Normalitätsvorstellungen und so weiter wurden dabei auch durch Organisationen stabilisiert, die vielfältige Mittel nutzten, um etwa die Tötungshemmung ihrer Mitglieder schrittweise herabzusetzen. Gleichzeitig muss man kulturelle Faktoren berücksichtigen. Darunter sind auch solche, die meist weniger gesehen werden, etwa sozialgeschichtlich der Widerstand gegen die liberale Demokratie durch diejenigen, die sich durch sie entwurzelt fühlten.

17

Pfadabhängigkeiten und Kollektivgutprobleme: Wachstumszwänge und die fest eingeplante Autofahrt zur Arbeit

Macht man sich über die Vielzahl menschlicher Emotionen, die unser Verhalten und damit auch die Chancen von Wandel beeinflussen, Gedanken, kann einem der Kopf zu schwirren beginnen. Als nächstes gilt der Blick wieder einem handfesteren Zusammenhang, der unser Verhalten weniger antreibt als dem Verhalten mehr als Rahmen gegenübertritt. Wie oft haben wir in unserem persönlichen Leben den Eindruck, dass wir »feststecken« und nicht weiterkommen, dass wir aus einer Situation, zum Beispiel einem wiederkehrenden Konflikt in der Beziehung oder am Arbeitsplatz, nicht herauskommen. Und wie oft stellen wir fest, dass frühere Entscheidungen uns auf einen Pfad gesetzt haben, der nunmehr unsere Wahlmöglichkeiten einschränkt.

Man kann dies auch allgemeiner für die gesellschaftliche Ebene formulieren. Eng mit dem Faktor Eigennutzen verschränkt bestehen gerade im Nachhaltigkeitskontext verschiedene äußere, etwa geographische und problembezogene Rahmenbedingungen. Auch sie spielen für die Erklärung menschlichen Verhaltens und gesellschaftlicher Transformationsprozesse eine Rolle, ebenso wie die Struktur eines Problems. Diese und frühere menschliche Entscheidungen bedingen einen Faktor, der sich am besten als Pfadabhängigkeit bezeichnen lässt.

So ist die Wahl eines wirklich »anderen« Lebensstils durch technisch-ökonomische Pfadabhängigkeiten erschwert: Die gewachsene westliche Lebens- und Arbeitsweise macht es für mich als einzelnen Bürger oder einzelnes Unternehmen zumindest kurzfristig wesentlich leichter, im gängigen Zivilisations- und Wirtschaftsmodell zu verbleiben, als aus diesem auszubrechen. Die bisherigen Häuser,

Autos und Geräte sind aktuell nun einmal vorhanden. Selbst bei sehr gutem Willen lässt sich dies nur schwer von einem auf den anderen Tag vollständig ändern. Hinderlich für den an sich nötigen schnellen Wandel wirken da verfestigte Strukturen, zum Beispiel Beharrungskräfte administrativer Institutionen.[79] Ebenso bewirken einmal eingeschlagene Regulierungspfade – etwa die langfristige Zulassung von Kohlekraftwerken – eine Pfadabhängigkeit, wie sich empirisch für die Vergangenheit beobachten lässt.[80] In allgemeinerer Form ist ferner zu konstatieren, dass die moderne Naturwissenschaft, Technik und Ökonomie seit der industriellen Revolution und damit für die moderne Kultur für die heute eingeschlagenen »Pfade« bestimmende Faktoren sind. Auch ein bestimmter Verwaltungsaufbau[81] oder vorgängige Investitionsentscheidungen wirken als »Pfade«.

Wie Pfadabhängigkeiten stellen auch die eng mit ihnen verwandten Kollektivgutprobleme eine Rahmenstruktur dar. Jeder Bürger, jedes Unternehmen und jeder Politiker weiß, dass zum Beispiel individuelle oder staatliche Klimaschutzhandlungen zuweilen Verzicht bedeuten könnten – dass man aber damit als einzelner Handelnder am Klimawandel trotzdem wenig ändert. Ich kann das globale Klima – das ein »kollektives Gut« ist und als solches von allen gleichermaßen kostenlos genutzt werden kann – allein nicht retten, und ich kann mir auch nicht mein Stückchen stabiles Klima sichern. Diese Gewissheit und deren Folge, dass letztlich fast jeder das scheinbar kostenlose Klima nach Kräften nutzen wird, bis ein Zusammenbruch schließlich am Ende *allen* schadet[82], kann für den Wandel leider entmutigend wirken, sei es beim Fliegen und seiner Regulierung oder bei anderen Themen. Wir sind scheinbar nur ein winziger Teil eines großen Problems – welches jedoch genau durch unsere kleinen, unschuldigen, alltäglichen Handlungen erst entsteht. Und will man das Problem durch feste Vereinbarungen mit anderen lösen, dann weiß man aufgrund erwartbarer Eigennutzenkalküle nicht, ob diese sich an die Vereinbarungen halten, auch wenn es eigentlich für alle besser wäre, wenn sich alle daran hielten. All dies wird noch bestärkt, wenn man bei näherer Betrachtung merkt, dass die Nachhaltigkeitspolitik bislang nicht gerade ermutigende Ergebnisse erzielt hat (Kapitel 5).

Dies ist wiederum nicht allein eine Interpretation der Fremd- und Selbstbeobachtung und soziobiologisch plausibel, sondern ebenso experimentell abbildbar: Eine Kooperationsneigung zeigt sich in spieltheoretischen Versuchen primär dann, wenn eine Kooperation anderer Beteiligter zu erwarten ist, wenn die Situation überschaubar ist und Normübertretungen bemerkt und sanktioniert werden (zur gelegentlichen altruistischen neben jener eigennützigen Kooperation und zu den Grenzen siehe Kapitel 20).[83] Genau diese Bedingungen sind bei globalen Problemen wie dem Klimawandel nicht gegeben.

18

Welche Rolle spielen Werte und Wertewandel?

Ein wichtiger weiterer Faktor für menschliches Verhalten und Veränderungsprozesse fand schon mehrfach kurz Erwähnung. Gemeint sind Werte. Menschliche Ziele und Zielabwägungen können auch eine innere rationale Überzeugung von der Richtigkeit bestimmter normativer Werte beziehungsweise Prinzipien ausdrücken. Entgegen einem verbreiteten wirtschaftswissenschaftlichen Sprachgebrauch können auch Werte und nicht nur Fakten rational, also begründet sein (näher Kapitel 23). Wertvorstellungen können vielen Menschen gemeinsam sein oder individuell variieren. Sie repräsentieren die altruistische Seite des Menschen. Anders als Normalitätsvorstellungen sind sie bewusst und eignen sich als Gegenstand rationaler Diskussionen.

Neben der Alltagsbeobachtung bestätigen dies auch vielfältige Experimente[84] (näher speziell zur Kooperation, die aber auch egoistisch statt altruistisch motiviert sein kann, in Kapitel 20). Die in Befragungen regelmäßig geäußerten Werthaltungen in Richtung Nachhaltigkeit werden nicht nur Schutzbehauptungen sein, schlechtes Gewissen beim Fliegen inklusive, sondern in vielen Fällen tatsächlich so zutreffen. Selbst in ökonomischen spieltheoretischen Experimenten kann man sie beobachten[85], wenngleich dies nicht überschätzt werden darf, weil hier die diskutierten Verfälschungen bei Experimenten relevant werden.

Pointiert gesprochen, kann Ethik also siegen über die biologisch angelegte Suche nach Belohnungen gemessen an unseren Eigeninteressen. Dass Werte gegenüber anderen Motivationsfaktoren stärker oder vorgelagert sind, sei es bezogen auf den Einzelnen oder bezogen etwa auf neue Wertvorstellungen oder philosophische Gedankensysteme in ganzen Gesellschaften[86], ist damit natürlich keinesfalls gesagt. Keinesfalls prägen altruistische Aspekte allein menschliches

Verhalten, das legen Alltagsbeobachtungen und Selbstbeobachtungen sowie empirische Befunde nahe, die andeuten, dass Menschen cum grano salis ein begrenztes »Kontingent« für altruistische Handlungen und auch für Selbstkontrolle haben, welches sich irgendwann erschöpft.[87]

Entgegen der von Thomas Hobbes geprägten Tradition, die vor allem in der Ökonomik lebendig ist, kann Altruismus aber auch nicht allein auf verdeckten Eigennutzen reduziert werden. Sonst wären viele Verhaltensweisen in Fällen, in denen ich selbst keinen Vorteil zu erwarten habe, nicht erklärlich.[88] Dass Altruismus evolutionsbiologisch durchaus naheliegend ist, allerdings nur als begrenzter Gruppen-Altruismus, sahen wir bereits, und wir werden später noch sehen, dass dieser Befund auch einer kapitalismuskritischen Hinterfragung standhält.[89] Offenkundig können dabei faktisch die Werthaltungen zwischen verschiedenen Menschen, Gruppen, Ländern, Kulturen oder Zeiten stark variieren (was allerdings nicht heißen muss, dass diese alle normativ richtig sind; dazu Kapitel 22). Gerade in einer pluralistischen Welt sind deshalb meist nur sehr allgemeine und vage Werte ohne weitere Konkretisierung breit zustimmungsfähig.[90]

Nachhaltigkeitsorientierte Werthaltungen, etwa das abstrakte Kritisieren des Fliegens oder des hohen Fleischkonsums[91], konkurrieren indes nicht nur mit Eigennutzenkalkülen, Kollektivgutproblemen, Pfadabhängigkeiten, Gefühlen und Normalitätsvorstellungen. Sie kollidieren ferner mit anderen Werthaltungen, etwa mit den über Jahrzehnte und Jahrhunderte gewachsenen normativen Überzeugungen oder Werten wie einer unumschränkten Selbstentfaltung, einem wirtschaftlich verengten Freiheitsverständnis sowie Fixierungen auf ein »Steigerungsspiel«[92] und auf einen Pfad des unbegrenzten Wachstums und Fortschritts.[93] Dass Politiker, Bürger, Unternehmer oder selbst Lobbyvertreter moralisch ansprechbar sind, bewirkt eben nicht zwangsläufig, dass sie alle Nachhaltigkeitsfans sind.[94] Interessant ist[95], dass entgegen einem verbreiteten Klischee Menschen mit Kindern in Befragungen tendenziell genauso wenig altruistisches Engagement für ökologische Ziele zeigen wie Menschen ohne Kinder.

19

Wie in allen Faktoren neben Genen auch Kultur steckt – oder: Wie Freiheit, Kapitalismus und Wachstum in die Welt kamen

Wir haben wiederholt gesehen: Jeder einzelne der für Verhalten und Wandel relevanten Faktoren enthält neben biologisch induzierten Prägungen auch starke kulturelle Einflüsse, die im Prozess der Sozialisation beim Einzelnen verankert werden. Diese Einflüsse bestimmen, was als normal gilt, was eigennützig attraktiv ist, in Ansätzen können sie sogar Emotionen in eine bestimmte Richtung lenken, und Werthaltungen sind ohnehin unschwer als Ausdruck kultureller Elemente erkennbar. Gemeint ist mit Kultur die Gesamtheit der Praktiken, Sitten und Gebräuche, die gerade nicht angeboren, sondern sozial erworben sind. Das jeweilige Wirtschaftssystem sowie technische Entwicklungsstände kann man als Unteraspekte von Kultur begreifen.

Die heutige Umweltkrise und der dafür ursächliche Wohlstand sind, wie bereits deutlich wurde, gerade nicht menschheitsgeschichtlich omnipräsent, sondern vielmehr ohne Beispiel. Insofern kann gerade mangelnde Nachhaltigkeit nicht als allein evolutionsbiologisch ausgelöst gedacht werden. Auch allein geographisch ist kaum zu erklären, dass die moderne Technik und Wirtschaft als Quelle von Wohlstand und Überinanspruchnahme der Umwelt vom Okzident ausging. Das gilt, auch wenn die geographischen Bedingungen zum Beispiel für eine ertragreiche Landwirtschaft und einen engen Austausch im fruchtbaren, dicht besiedelten Europa im Vorfeld der industriellen Revolution mit ihrem Großeinstieg in die fossile Brennstoffnutzung[96] günstig waren. Dazu kam in der frühen Neuzeit, dass die sogenannte Kleine Eiszeit, eine Periode relativ kühlen Klimas, und die wachsende Bevölkerung klaren Handlungsbedarf bei der wirtschaftlichen Produktivität auslösten.

Die moderne Wirtschaft, Naturwissenschaft und Technik, das moderne Recht, die moderne Buchführung und weitere Faktoren entstanden »von selbst« nur im Abendland. Erst von hier aus verbreiteten sie sich – aktuell mit zunehmender Geschwindigkeit – über die ganze Welt. Und diese äußeren Faktoren standen mindestens historisch in einer Wechselwirkung untereinander und zu bestimmten Weltanschauungen respektive sind Teil bestimmter Kulturen. Der »Kapitalismus« und jene »Weltanschauungen«[97] prägen bis heute wesentlich okzidentale Normalitätsvorstellungen, Gewohnheiten, Vorstellungen von Eigennutzen und besonders auch Werthaltungen. Das heute übliche wachstumszentrierte »Steigerungsspiel« und die intensive Nutzung der fossilen Brennstoffe gibt es keineswegs in seiner vollen Ausprägung schon während der ganzen Menschheitsgeschichte. Das macht nicht nur jede historische Beobachtung klar, sondern es ist auch in hohem Maße plausibel angesichts dessen, dass menschliche Verhaltensantriebe, etwa wie Bequemlichkeit, durchaus einen ziemlich genügsamen Lebensstil begünstigen könnten. Folgerichtig vollzieht sich die Ausbreitung von Kapitalismus und westlicher Kultur seit Jahrhunderten auch nur schrittweise.

Die nachhaltigkeitsrelevante okzidentale (und schrittweise exportierte) Kulturgeschichte einschließlich des Faktors Kapitalismus ist hier noch etwas weiter zu illustrieren und zu rekapitulieren. Das Freiheitsideal hat im Okzident die größten Selbstentfaltungsmöglichkeiten und den größten Wohlstand seit Menschengedenken gebracht. Und das klassische Freiheitsideal hat durchaus das soziale Streben des frühneuzeitlichen Bürgertums und sodann der Arbeiter nach einer gleichberechtigten Anerkennung aller Menschen in einer Gesellschaft in etwa verwirklicht. Zudem gibt es eine wechselseitige Bedingtheit von Individualismus und (Wohlstand schaffendem) Kapitalismus: Der Kapitalismus kann nur schwer dauerhaft ohne eine Rechtssicherheit leben, die über grundrechtliche Freiheitsgarantien hergestellt wird. Und der Individualismus kann kaum ohne die Möglichkeit persönlicher (auch) ökonomischer Entfaltung existieren. Umgekehrt wären freiheitlich-demokratische Ideen aber kaum so schnell realisiert worden, wenn sie nicht handfeste materielle, also gleichsam »kapitalistische« Interessen befördert hätten.

Weitreichende wirtschaftliche Freiheit, ein ungehindertes freies Spiel der Kräfte, Wirtschaftswachstum, wohlstands- und technikbezogener Fortschritt und eine bestimmte Wertschätzung von Arbeit (und damit auch Arbeitsplätzen) sowie das Wohlergehen des eigenen Volkes und der eigenen Industrie: Dieses Prinzipienpanorama nennt man in der Philosophiegeschichte den klassischen Liberalismus. Ebenso gehört dazu eine Anthropozentrik, die zuweilen vergisst, dass die menschliche Freiheit ohne bestimmte physische Voraussetzungen nicht existieren könnte.[98] Wobei dieser Hyperindividualismus, wie man es vielleicht eher nennen sollte, klassischerweise auf wirtschaftliche Entfaltung zielte, wogegen heute, unter postmodernen Vorzeichen, ein unumschränkter Selbstverwirklichungsgedanke immer einflussreicher wird. Beides ist mit Nachhaltigkeit wenig kompatibel.

Die Zentrierung um Arbeit und Individualität entstammt ideengeschichtlich allerdings nicht erst dem klassischen Liberalismus der Aufklärung, sondern eher schon dem calvinistischen Protestantismus.[99] Das gilt nicht nur für liberal-philosophische Vordenker seit der frühen Neuzeit (die Protestanten waren) wie Thomas Hobbes, John Locke, Immanuel Kant, Francis Bacon, Johannes Althusius und seinerzeitige Naturwissenschaftler und Politiker. In noch stärkerem Maße gilt die calvinistische Vorprägung für die breite Bevölkerung oder wenigstens die Bildungselite in den Ländern Westeuropas und Nordamerikas, in denen sich klassisch-liberale Ideen in Philosophie, Wirtschaft und Recht zuerst durchsetzten.

Die Reformation im 16. Jahrhundert artikulierte eine Kritik an einem Autoritarismus und Traditionalismus der katholischen Amtskirche, die als geradezu bibelfeindlich empfunden wurden. Aus der revolutionären Inspiration der frühchristlichen Zeit, so empfanden es die Anhänger der Reformation, war eine bürokratisch verwaltete Tradition geworden, die mit amtlicher Autorität und Zwang durchgesetzt wurde. Einer Kaste »berufsreligiöser« Priester und Mönche sprach die katholische Tradition qua Amt eine größere Nähe zu Gott zu. Die Reformation negierte all dies; im Kern stellte sie den Menschen stärker auf sich selbst. Das Priestertum aller Gläubigen wurde propagiert und der Einzelne direkt auf Gott verwiesen. Neben diesem relevanten Punkt für den modernen Individualismus ist auch eine Fokussierung auf die Arbeit – im Sinne einer »Sichtbarmachung der göttlichen Berufung« – für den entstehenden Protestantismus charakteristisch, ebenso wie das Streben, die eigenen Überzeugungen in der Welt real werden zu lassen. All dies protegierte dann auch das moderne Ideal des Wachstums, des technischen Fortschritts, der Schaffung des »Paradieses auf Erden«. Dabei stimulierte die Religion die wirtschaftlich-technische Entwicklung und stand gleichzeitig unter ihrem Einfluss – ebenso wie der soziale Emanzipationsanspruch des frühen Bürgertums in ihr wirkte. Es schöpfte sein Selbstbewusstsein aus selbst erarbeitetem ökonomischen Erfolg, in Abgrenzung zum angeblich faulen Adel.

Der protestantische Einfluss hat insgesamt für die faktische Entstehung der liberalen Demokratie und ihres freiheitlichen Wirtschaftssystems tiefe Ambivalenzen hinterlassen.[100] Dies betrifft nicht zuletzt die Ambivalenz von heute hohem Lebensstandard und ausgeprägter persönlicher Selbstbestimmung und gleichzeitig drohender Zerstörung der Lebensgrundlagen sowie Armut in anderen Teilen der Welt. Der Individualismus kann wie gesagt ohne die Möglichkeit persönlicher (auch) ökonomischer Entfaltung kaum existieren, wobei Individualismus, Kapitalismus und auch moderne Technik im christlichen Diskurs keinesfalls nur bejaht, sondern von bestimmten Kreisen lange auch bekämpft wurden.[101]

Einen wichtigen Schritt markierte die später von Thomas Hobbes übernommene calvinistische Vorstellung vom eigennützig-bösen, aber dadurch zugleich sehr produktiven Menschen. Hobbes bezweifelte wie erwähnt in der Tradition von Platon und Augustinus, dass es überhaupt Altruismus geben könne. Wie Hobbes und vorher schon der spätmittelalterliche Philosoph Wilhelm von Ockham und einige andere[102] waren auch die Reformatoren, die sodann Hobbes beeinflussten, scheinbar »vernunftskeptisch«. Zunächst einmal trauten sie dem Menschen keine »vernünftige Gotteserkenntnis« zu –

denn der Mensch schien nur eigennützig zu agieren, weil er ja seit Adam und Eva aufgrund der Erbsünde »böse« war. Vernunft in Wert- und Glaubensfragen bezweifelten sie und warfen sich ganz auf Glauben und Prädestination, also Vorherbestimmtheit zum ewigen Heil oder zur Verdammnis, in ihrem Verhältnis zu einem als willkürlich herrschend gedachten Gott. Gleichzeitig zerfiel damit durch die Reformation aber das »geschlossene« mittelalterliche Weltbild. Aus so freigesetzten individualistischen und autoritätsskeptischen Tendenzen sowie durch das schlichte Faktum pluraler Konfessionen entstand auch die Idee einer pluralistischen Gesellschaft, in der die Herrschaftsgewalt das Individuum in Ruhe lässt – sowohl in einer weiten persönlichen als auch in der ökonomischen Sphäre.

Anders als bei Hobbes gab es später besonders seit Kant sogar die Vorstellung, dass Werte wie Individualismus und Pluralismus rational begründet werden können. Dass Rationalität sich in der Tat nicht nur im Wägen verschiedener gegebener eigennütziger Präferenzen sowie in der Findung wirksamer Mittel zu deren Umsetzung erschöpft, sondern auch Werte erfasst, sehen wir in einem Exkurs. Jedenfalls fanden die neuzeitliche Demokratieidee, die wiederum in calvinistischen Gemeindekonzepten wurzelte, sowie der calvinistische Widerstandskampf gegen religiöse Unterdrückung in diesen Traditionslinien ihr Fundament. Individualismus, persönliche Freiheit und Demokratie beförderten zusammen mit dem Streben nach Rechtssicherheit und sozialer Aufwertung des entstehenden Bürgertums eine zunehmend wirtschaftlich ausgerichtete Freiheitsidee. Aus der liberalen Tradition erwuchs bald, da auch der Staat als menschlich und damit »böse« entlarvt wurde, ein einseitig staatsabwehrendes und ansonsten wirtschaftsliberales Freiheitskonzept. Eigentums- und Religionsfreiheit waren Kristallisationspunkte des Kampfes um die liberale Demokratie und fundieren jene einseitige Freiheitssicht, die mit dem erwähnten Arbeits- und Fortschrittsideal wenig nachhaltig zusammenwirkt.

Mit alledem hat es auch im okzidentalen Denken über die Jahrhunderte und Jahrtausende bedeutende Umbrüche gegeben.[103] Noch das griechisch-antike und das germanische Denken waren insgesamt eher an Kreisläufen orientiert: Wachstum wurde nicht erstrebt, ein technischer Fortschritt kam kaum in Gang, Arbeit und Naturbearbeitung galten als nur mäßig erstrebenswert, Freiheit spielte keine zentrale Rolle. Mit der mittelalterlichen Mönchsbewegung – Keimzelle wirtschaftlich-technischer Dynamik, der zum Beispiel auch Ockham entstammte – und erst recht mit der Reformation änderte sich dies sukzessive.

Dass mit alledem Nachwirkungen früher oft intensiver ausgeprägter religiöser Überzeugungen diagnostiziert werden, heißt übrigens nicht, dass auch normativ Religion als Basis einer Ethik überzeugt. Viele denken bei Ethik direkt an Religion. Doch religiöse Moral beruht auf Annahmen, die man glauben, aber nicht wissen kann: der Existenz Gottes und die Erkennbarkeit seiner Regeln für den Menschen.[104] Religion als kombinierte Instanz für gutes Leben, Glauben, Moral und Tatsachenerkenntnis (einschließlich der verhaltensanalytischen Deutung des Menschen): Dieser »historische Normalfall« muss sich deshalb wohl oder übel auf seinen Kernbereich zurückziehen, auf Perspektiven für ein gutes Leben und den religiösen Glauben, in dem ihm die (normative oder deskriptive) Wissenschaft das Feld nicht streitig machen kann.

Keinesfalls geht es mit alledem allein um Nachhaltigkeitsfragen oder um die Entstehung von Wirtschaftssystemen, moderner Technik und der liberalen Demokratie. Vielmehr werden Eigennutzen und Werthaltungen auch in persönlichen Beziehungen kulturell geprägt, wenn heute ganz neue Kalküle darüber angestellt werden, ob man dauerhaft in einer Beziehung bleibt oder nicht. Und wie viel man von ihr erwartet. Steigende Erwartungen korrespondieren überhaupt stark mit gesellschaftlichen Ereignissen. Ist etwa der letzte Krieg lange her, schätzt man Friedensbündnisse wie die EU plötzlich weniger, und nationalistische Demagogen erhalten vermehrt Zulauf.

20

Wie kooperativ sind wir– und sind wir deswegen automatisch altruistisch? Überschätzte Kapitalismuskritik und Glücksforschung

Manchen Leser könnte die in diesem Buch dargelegte Analyse menschlichen Verhaltens – und damit auch von persönlichem und gesellschaftlichem Wandel – an Max Weber und Jürgen Habermas erinnern. Das ist nur teilweise richtig[105], aber am Ende gleichgültig. Das Gesagte wird jedenfalls vielen nicht genügen, gerade nicht im Nachhaltigkeitsdiskurs. Viele fordern entgegen den getroffenen differenzierten Aussagen zum menschlichen Eigennutzen eine prononcierte Kapitalismuskritik ein, zumindest aber die Aussage, dass das moderne Leben den Menschen faktisch unglücklich mache und dass er eigentlich von Grund auf kooperativ und uneigennützig sei, weswegen die gegebenen Erklärungen in wesentlicher Hinsicht zu korrigieren seien.[106] Dies gilt es jetzt zu prüfen. Jedenfalls werden mit Glücksforschung und Kapitalismuskritik zwei Hauptzweige der aktuellen Debatte über sozialen Wandel benannt, gerade bezogen auf Nachhaltigkeit. Ich möchte indes zeigen, dass beide trotz aller Relevanz oft etwas überschätzt werden.

Die Diskussion darüber, ob unser Wohlstand wirklich glücklich macht, ist ein wenig merkwürdig. Offen für das Thema ist in den Industriestaaten nur ein kleiner, relativ abgeschlossener Personenkreis, jedenfalls dann, wenn man nicht rein verbale Bekundungen zählt, sondern zumindest eine gewisse Umsetzung im eigenen Verhalten erwartet. Für jenen kleinen Personenkreis, der sich des Grades seiner Unterschiedlichkeit zu nahezu allen Mitmenschen wohl nicht immer bewusst ist, scheint fraglos ausgemacht, dass der Menschheit nichts Besseres passieren könnte als weniger Orientierung an materiellen Dingen.[107] Konsumismus und Leistungsgesellschaft machten unglücklich, kann man die Botschaft pointiert zusammenfassen, glücklicher sei dagegen, wer sich auf ideelle Dinge konzentriere, viel Zeit mit Freunden und Familie verbringe und womöglich noch in einer Kommune wohne. Keinesfalls aber mache materieller Wohlstand glücklich.

Wenn das stimmt, wäre eine Nachhaltigkeitswende, die auch mit Suffizienz und folglich einer Überwindung der Wachstumsgesellschaft (Kapitel 6 – 7) operiert, ein regelrechtes Glücksprogramm. Im realen Leben folgen demgegenüber der allergrößte Teil der Bewohner westlicher Industriestaaten sowie die Oberschicht der Schwellenländer der Devise: je mehr materieller Wohlstand und Konsum, desto besser. Auch wenn viele nicht so reden, weist der reale Kauf von Produkten und Dienstleistungen in diese Richtung. Man merkt es oft nur nicht – weil alle um einen herum ebenfalls eine große Wohnung, viel Unterhaltungselektronik und ein hochmodernes Auto besitzen und regelmäßig Fernreisen machen. Bekanntlich lassen solche Beobachtungen zum realen Verhalten oftmals genauere Rückschlüsse als die Selbstbeschreibungen der Handelnden zu, zumal kulturelle Faktoren die Art der Selbstwahrnehmung und Selbstbeschreibung gerade beim Glück beeinflussen[108] und seit der Antike okzidentale Glückskonzepte halbwegs unklar zwischen einem Unbehagen an der Moderne und einem Ausgreifen nach den Sternen oszillieren.[109]

Glück und Zufriedenheit hängen nach allen Beobachtungen, aber selbst nach Experimenten ab von den zwei Relationen »was möchte ich vs. was habe ich« und »was habe ich in Relation zu den anderen in meiner Umgebung«.[110] Stellt man dies in Rechnung, braucht man eher nicht darüber zu streiten, ob Reichtum glücklich macht oder doch vergleichsweise Arme in den Entwicklungsländern genauso glücklich sein können wie wir. Es kann beides zutreffen. Einerseits misst man sich gern an seiner Umgebung und kann deshalb, solange keine existenzielle Not herrscht, mit ganz unterschiedlichen Güterausstattungen gleichermaßen zufrieden sein, solange es einigermaßen konform geht mit dem, was andere in Sichtweite besitzen. Umso mehr gilt das, als sukzessive Veränderungen von Menschen kaum realisiert werden. Andererseits ist es sehr menschlich, sich zu freuen, wenn man besser dasteht als andere.[111] Dabei ist wiederum nicht der absolute Reichtum das Entscheidende, sondern die gute eigene Situation verglichen mit anderen Leuten und die Vermeidung eines Abstiegs weg von einem Lebensstil, der inzwischen zur Gewohnheit und zur Normalitätsvorstellung geworden ist.[112]

Es könnte ferner zwar sein, dass dies in »kapitalistischen« Kulturen ausgeprägter auftritt, aber dass dieses Phänomen nur hier aufträte, kann man kaum behaupten. Denn letztlich wurzelt ein solches Streben nach Sichtbarkeit auch im emotionalen Wunsch nach Anerkennung. Ebenso bedeutet mehr Geld einfach auch (statistisch) größere Möglichkeiten auf ein langes Leben in Gesundheit, eine gute Ausbildung für die Kinder, gesteigerte persönliche Unabhängigkeit und so weiter; das wird besonders, aber nicht nur in westlichen Kulturen von den meisten begrüßt.[113] Dass Wachstum und Glück per se zusammenfallen oder per se auseinanderfallen, kann also nicht gesagt werden. Durchaus sinnvoll ist deshalb der Versuch, Wohlbefinden komplexer als durch schlichten Verweis auf das Wirtschaftswachstum zu messen[114], auch wenn das nicht die Folgeprobleme eines Endes des Wachstumszeitalters beseitigt (Kapitel 7).

Zu einfach machen es sich manche, wenn sie entgegen jenem differenzierten Befund darauf beharren, eine suffiziente Welt mit weniger Arbeit und mehr Zeit für Freunde, Familie und Hobbies würde Menschen per se glücklicher machen. Das stimmt für manche oder viele, aber kaum für alle. Mehr Zeit für die Familie kann man sich schön vorstellen, die Ambivalenzen und die keineswegs zwangsläufige Vergnüglichkeit dessen übersieht man jedoch schnell, solange es eine theoretische Befragungssituation ist. Erneut ist hier zu unterstreichen, dass Einstellung und Verhalten oft weit auseinander liegen – und dass die realen Präferenzen von Menschen weit deutlicher zutage treten, wenn man ihr Verhalten und nicht ihre Äußerungen betrachtet. Der Einwand, die Präferenzen seien »heute im Kapitalismus verfälscht«, überzeugt insoweit nur sehr bedingt, wie im zweiten Teil dieses Abschnitts deutlich wird.

Auch die Behauptung, Menschen seien wegen steigenden Drucks, der sodann dem globalisierten Kapitalismus zugeschrieben wird, heute verstärkt Krankheitsbildern wie Burnout ausgesetzt und damit eben doch eindeutiger unglücklich als eben konstatiert, ist bei näherem Besehen mindestens zweifelhaft. Dies gilt nicht nur deshalb, weil man Menschen damit relativ breit unterstellt[115], sie wüssten (wenn sie sich alltäglich verhalten, zum Beispiel viel kaufen) in keiner Weise, was sie glücklich machen könnte. Dazu kommt, dass Burnout als vermeintlich klares Krankheitsbild ebenso hinterfragt werden kann.[116] Auch gibt es Eigennutzenkalküle, welche die exponentiell ansteigenden Psychopharmaka-Verschreibungen unter Umständen ebenso gut oder sogar besser erklären als die angeblich zu stressige Globalisierung. Dabei geht es nicht nur um karriereorientierte Wissenschaftler und manche sensationslüsterne Medien. Vielmehr dienen die vermeintlichen Erkenntnisse über das Gehirn auch dazu, den massenhaften Absatz neuer Psychopharmaka zu erleichtern. Denn wenn jede Niedergeschlagenheit als neuartige Erkrankung gedeutet wird, etwa Burnout oder Angststörung, die dann im Verein mit den Neurowissenschaften (Kapitel 13) auf eine bestimmte Hirnstruktur zurückgeführt wird, dann ist der Weg zu bestimmten, just hierfür entwickelten Medikamenten vorgezeichnet. Dafür vergeben viele Pharmafirmen mitunter sehr lukrative Forschungsaufträge. Pointiert gesprochen: Früher wäre man, wenn man traurig war, schlicht zu Freunden gegangen. Heute werden teilweise oft zu schnell psychische Erkrankungen diagnostiziert und mit Tabletten behandelt. Ausgeschlossen ist damit natürlich nicht, dass die moderne beschleunigte und flexible Welt in der Tat den menschlichen Wunsch nach Stabilität oft allzu stark herausfordert.[117]

Das Gesagte provoziert allerdings im Gefolge von Rousseau und Marx die absehbare Erwiderung, der Mensch sei eigentlich viel kooperativer als von mir behauptet.[118] Der Mensch sei an sich kein Egoist, sondern werde in der kapitalistischen Wachstumsgesellschaft erst dazu gemacht. Berücksichtige man dies, wären die Menschen eben doch glücklicher, wenn wir uns im Wesentlichen kooperativ und altruistisch und nicht egoistisch verhalten würden und die gesellschaftlichen Umstände uns vom Konkurrenzdruck befreien würden. Die differenzierte Analyse zu menschlichen Verhaltensantrieben sei im Kern eben doch unzutreffend. Sicherlich fixiert sich beispielsweise die ökonomische Kooperationsforschung vielleicht aufgrund ihrer spieltheoretischen Grundlage etwas sehr (im Gefolge von Hobbes) darauf, das bewusst kalkulierende Handeln und die Eigennutzenerwägungen der Akteure in der Kooperation zu sehen.[119]

Wie gesehen werden die moderne Welt und speziell das individuelle Eigennutzenstreben durch den Kapitalismus in der Tat gefördert. Dennoch sind hier einige Erkenntnisse zu Eigennutzenstreben und Evolutionsbiologie zu unterstreichen, die zeigen, dass der Faktor Kapitalismus bei aller Bedeutung überschätzt wird (kurz schon Kapitel 17). Menschen kooperieren heute wie auch früher und hierzulande wie auch weltweit keineswegs ständig. Schon dies spricht dagegen, das menschliche Eigennutzenstreben allein als Folge kapitalistischer Rahmenbedingungen statt auch als biologische Konstante zu deuten.[120] Auch die weltweite Begeisterung von Menschen für Sportwettbewerbe, in denen konkurrierende Gruppen wie Fußballteams unter allseitiger Begeisterung gegeneinander antreten, passt zur erwähnten menschlichen Neigung zum Gruppenegoismus, die gerade nicht einem bestimmten Wirtschaftssystem geschuldet ist und die die Kooperation auf eine kleine Gruppe begrenzt. Vielleicht kann man sagen, dass aktuell der individuelle Egoismus weiter gestärkt wird, womit wir wieder bei Konsumrausch und Konzernmacht wären. Gleichzeitig nimmt aber der nationalistische Gruppenegoismus eher ab. Treffender könnte indes sein, bei Individual- und Gruppenegoismus gleichermaßen von historischen Wellenbewegungen zu sprechen, wie sie oben bereits mit Hobbes und Rousseau verbunden wurden. Für den Klimaschutz ist jedenfalls beides gleich fatal. Für Demokratie und Frieden und ihre Dauerhaftigkeit vielleicht auch.

Vermeintlich gegenläufige Befunde wie die der von vielen Nachhaltigkeits- und Kapitalismuskritik-Fans verehrte Elinor Ostrom beziehen sich eben genau auf kleine Gemeinschaften, die ohne weiteres gemeinsame Entscheidungen, wechselseitige Kontrolle, Vertrauen, Kooperationsbereitschaft und unbürokratische Konfliktlösungen ermöglichen.[121] Nur ist leider bei hochaggregierten, komplexen, sehr viele Menschen betreffenden Entscheidungen wie in der Klimapolitik genau diese Ausgangssituation, die zumindest reziproke Kooperation ermöglichen könnte, nicht einmal ansatzweise gegeben.

Kooperation setzt also weit überwiegend auf eng abgesteckte, direkte oder indirekte Reziprozität (über Gegenleistungen oder Reputation), über das Sich-Aufopfern für eine dann insgesamt erfolgreichere Gruppe (und sei es in harmloser Form in Sportwettkämpfen), über das Begünstigen von Verwandten und ähnliche Wege.[122] Diese Befunde aus der Soziobiologie[123] anhand einer breiten Beobachtung menschlicher wie auch tierischer Verhaltensweisen, die zur evolutionsbiologischen Herkunft des Menschen aus Konkurrenzkonstellationen passen, erklären auch, dass Kooperation besonders in Kleingruppen wie Familien klappt, und selbst das nicht immer.[124] Und gar nicht klappt Kooperation, wenn weltweit das Klima gerettet werden soll. Dann wäre tatsächlich (und sei es nur teilweise) Altruismus gefragt, also mehr als eine bloß reziproke Kleingruppen-Kooperation. Und dies ist offenbar alles andere als einfach. Auch experimentell lässt sich zeigen, dass altruistische Kooperation offenbar allenfalls dann auftritt, wenn sie Identität verheißt.[125] Dafür sind Nachhaltigkeitsprobleme wie der Klimawandel nur meist zu abstrakt.

Außerdem gab es trotz aller beschriebenen Kulturprägung des Kapitalismus bereits früher eine Gesellschaft mit Eigennutzen, großen Einkommensunterschieden und Machtverhältnissen, und zwar weltweit, also gerade nicht kulturabhängig. Auch unterstreichen Erfahrungen in historischer Zeit etwa mit den Hunnen und Mongolen und ihren menschheitsgeschichtlich ziemlich einmaligen Raub- und Gewaltorgien, dass es keines ausgefeilten Systems von Privateigentum und Landaneignung oder gar des Kapitalismus bedarf, um ein extrem eigennütziges, brutales menschliches Verhalten auszulösen. Und selbst wenn unter imaginären Steinzeitbedingungen das Leben kooperativer gewesen sein sollte – weil es unter Steinzeitbedingungen schlicht nicht anders ging und genau deshalb menschliche Kooperation wie auch Sprache und Kultur entstanden[126] –, wäre doch einigermaßen fraglich, ob eine Rückkehr in jene Welt erstrebenswert ist. Abgesehen davon lassen sich Steinzeitbedingungen heute nicht mehr sinnvoll rekonstruieren, auch nicht mit der ethnologischen komparativen Methode anhand von spekulativen Rückschlüssen aus Befunden zu heutigen Menschengruppen in abgelegenen Winkeln der Erde.

Letztlich dürfte sich das heutige Wohlstandsniveau dem Wettbewerb um beste Lösungen und dazu einigen Elementen von Kooperation gemeinschaftlich verdanken.[127] Allein die teils gravierenden (insbesondere Nachhaltigkeits-)Probleme kapitalistischen Wirtschaftens zu fokussieren, erschiene selbst dann einseitig, wenn man beispielsweise nur die Entwicklungsländer in den Blick nähme. Sicherlich hat »der« Kapitalismus oft nicht eben zur Förderung altruistischer Neigungen beigetragen. Allerdings ist der moderne Kapitalismus auch ursächlich für den modernen Sozialstaat und die Überwindung der Massenarmut in Europa und Nordamerika (und wesentlichen Teilen Ostasiens). Der Staatssozialismus hat hingegen primär die Umweltschäden und eher weniger den verbreiteten Wohlstand mit dem Kapitalismus gemein. Folgerichtig wird die Konkurrenzwelt nicht allein von Großunternehmen getrieben. Wir alle sind über Arbeitsplätze, Konsumwünsche oder Pensionsfonds, die über Aktienpakete Eigentümer der Unternehmen sind, eng mit der Wachstumswelt verflochten.

Das gilt auch für die gerne als Vorbilder präsentierten, stark sozialdemokratisch geprägten skandinavischen Gesellschaften. Davon abgesehen ist dort zwar die Ungleichheit geringer als etwa in den USA. Kapitalismus ist es dennoch, und die Raten des Alkoholmissbrauchs wecken auch leise Zweifel, ob Menschen in Skandinavien automatisch glücklicher sind. Sollten sie es tatsächlich sein, so ist jedenfalls der ökologische Fußabdruck pro Kopf in Skandinavien weiterhin riesig dank hohen Wohlstands, schlecht gedämmter Holzhäuser und häufiger Flüge in wärmere Gefilde. Eine angenommene stärker kooperative Einstellung in Skandinavien ginge so gesehen direkt zu Lasten anderer Menschen, in letzter Instanz nämlich der Opfer des Klimawandels. Denen gegenüber ist man offenbar nicht allzu kooperativ. Nur am Rande sei erwähnt, dass der norwegische Wohlstand zentral auf Erdöl beruht.

Dies und unser aller Verstrickung – auch die der netten Skandinavier – in das Konkurrenzdenken zu einem inexistenten oder gerade verschwindenden Phänomen zu verklären, läge auf einer ähnlichen Linie wie die Vorstellung, dass die diversen Missstände in realsozialistischen Staaten gewissermaßen allein einem fortbestehenden »falschen Bewusstsein« und nicht etwa der menschlichen Natur geschuldet seien. Insofern war es wenig verwunderlich, dass der Weg zu einem neuen Menschen bei Marx oder erst recht Stalin, Mao und den Roten Khmer über eine »Diktatur des Proletariats« und den Gulag führte.[128] Dass von marxistisch inspirierten Denkern solch eine empirisch nicht überzeugende Anthropologie angeboten wird, verwundert wenig – angesichts der Hegel-Marxschen dialektischen Methodik, die als Geschichtsphilosophie (Kapitel 8) auf letztlich fundamental unklare Weise vermeintliche naturwissenschaftsanaloge historische Gesetzmäßigkeiten identifiziert und damit das Weltgeschehen mitunter massiv zurechtbiegt.

Einfache Wahrheiten mögen vielen gefallen, also auch die von den Kapitalisten als Sündenböcken, die uns nette Menschen nur verführt haben. Zur Erkenntnisfindung tragen solche Sichtweisen indes nur begrenzt bei. Pointiert gesprochen: Wer viel mit Kindern zu tun hat und immer noch glaubt, dass die große Freude bereits zwei- und dreijähriger (primär) Jungen an Kämpfen und Prügeleien eine Folge des Kapitalismus und somit RWE, Shell und Nestle anzulasten sei, sollte seine Position noch einmal überprüfen. Hier hilft auch der Dauereinwand mancher linker Kreise nichts, dies und jenes sei doch gar nicht objektiv, auch die Naturwissenschaften nicht, sondern bloß subjektive Konstruktion einzelner Personen oder mächtiger gesellschaftlicher Gruppen, weil eben im Leben nichts objektiv erkennbar sei. Wir haben dazu bereits festgestellt, dass, wenn dies stimmen würde, der Konstruktivismus auch nur subjektive Konstruktion sein und ergo keine objektive Bedeutung haben könnte.

Damit wird – wie umgekehrt auch der Hobbessche und wirtschaftswissenschaftliche Eigennutzen-Fokus – lediglich die allzu altruismusgläubige Kritik am Kapitalismus in Frage gestellt. Ungeachtet dessen wurde bereits deutlich, dass eine ernsthafte Nachhaltigkeitswende das Ende der Wachstumsgesellschaft einläuten könnte. Und dies wäre zugleich das Ende des Kapitalismus in der heutigen Form. Die Herausforderung wird sein, die weitreichenden Folgen konstruktiv zu gestalten. Nur ist das eben kein bloßes Problem einzelner Kapitalisten, sondern vielmehr von uns allen. Wenig hilfreich ist es, wenn man in Auseinandersetzungen über jene Fragen soziobiologische Einsichten entweder übertrieben wichtig nimmt oder umgekehrt im Affekt ablehnt, weil einem die vermuteten Konsequenzen nicht gefallen. Seins- und Sollens-Fragen müssen bekanntlich streng getrennt werden. Das betrifft nicht nur den Kapitalismus. Ob mir persönlich bestimmte Tendenzen im menschlichen Sexualverhalten zum Beispiel gefallen oder nicht (etwa weil sie meine eigenen Chancen in ein weniger aussichtsreiches Licht rücken), muss beiseite bleiben.

Sehr illustrativ ist es, dass diese, wie ich meine, weder misanthropische noch naive, vielleicht einfach nur realistisch zu nennende Verhaltensanalyse auch in den Gleichnissen der klassischen religiösen Quellen wie dem Alten Testament zu finden ist. Immerhin bilden die ja paradigmatisch den damaligen Erkenntnisstand zu menschlichen Verhaltensmotiven ab. Und obwohl damals eine Welt ohne Kapitalismus, Konsum und sonderlich viel Wettbewerb herrschte, wird zum Beispiel König David exakt so beschrieben, wie auch vorliegend Menschen realistisch beschrieben werden. Mal kooperieren sie, allerdings bevorzugt mit eigennützigem Hintergrund beziehungsweise zugunsten ihrer kleinen, abgegrenzten Gruppe (David gegen Goliath), mal greifen sie eigennützig zu ganz drastischen Mitteln oder lassen gar einen Mann sterben, um an dessen Frau zu kommen (Bathseba-Geschichte). Die Autoren der Bibel kannten die moderne soziobiologische Forschung nicht, kommen aber seltsamerweise zu denselben Beschreibungen. Ebenso wussten sie, dass folglich Regeln nötig sind, damit der Egoismus nicht überhandnimmt, gerade weil er eben im Menschen angelegt ist. Die momentane kapitalistische Politik setzt diese Regeln in ökologischer Hinsicht oftmals mehr schlecht als recht. Wie es besser gehen könnte, werden wir noch betrachten.

21

Warum Verhaltensantriebe und Wandel früher astrologisch betrachtet wurden und dies heute offiziell absurd, inoffiziell aber weiterhin beliebt ist

An dieser Stelle ist ein kleiner historischer Exkurs angebracht. Es wird ja nicht erst seit heute darüber nachgedacht, was Menschen antreibt und was gesellschaftlichen Wandel auslöst oder ermöglicht. Eine traditionelle Psychologie für den Einzelnen wie für politische Entscheidungsvorbereitungen ist uns allerdings seit rund 300 Jahren abhandengekommen. Gemeint ist die Astrologie, die seit der Aufklärung als Klassiker der Scharlatanerie gilt. Dies wird mit einer solchen Selbstverständlichkeit vertreten, dass angesichts der jahrtausendelangen astrologischen Praxis schon deshalb unvoreingenommene Nachfragen lohnen könnten. Denn jede Art von intellektuellem Gruppenzwang sollte zumindest nachdenklich stimmen. Und man darf durchaus mit Hegel damit rechnen, dass langjährige Praktiken, wenn sie denn so allseits praktiziert werden, bei aller Seltsamkeit, die man ihnen nachträglich oft attestiert, doch meist auch Gründe für sich hatten – sonst wären sie eben nicht praktiziert worden. Deswegen könnte es durchaus etwas für sich haben, wenn sich noch heute Menschen dafür interessieren.

Astrologie stellt in persönlichen Gesprächen zwar immer noch ein oft geschätztes Thema dar, während gleichzeitig ihre Thematisierung in einem wissenschaftlichen Umfeld unmittelbar Fragen nach dem Geisteszustand des Schreibers auslöst. Gleichwohl soll hier – nach Wahl der Lesenden ernsthaft oder auch nicht – ein kleiner Versuch gewagt werden. Die Astrologie erklärt menschliches Verhalten neben Faktoren wie Kultur und Vererbung auch mit festen, an den Geburtszeitpunkt geknüpften Charakterbildern. Aus Geburtstag und Geburtsminute ergeben sich Sternzeichen, Aszendent und

Mond sowie eine Reihe weiterer Angaben (Merkur, Venus, Mars, Jupiter, Saturn und so weiter), wobei jede Angabe aus dem Kreis der zwölf Sternbilder stammt. Aufgrund jahrtausendelangen Beobachtungen werden daraus komplexe menschliche Charaktere rekonstruiert.

Der überlegen grinsende westliche Intellektuelle verwirft derartigen voraufklärerischen Nonsens meist mit der Begründung, dass niemand wisse, wie Sternkonstellationen im Geburtszeitpunkt zu Charaktereigenschaften führen könnten. Die Aussage als solches dürfte zutreffen, nur ist sie ein logisch ungültiges Gegenargument. Denn ein Faktum – das Bestehen oder Nichtbestehen einer Charaktereigenschaft – erschließt sich durch Beobachtung und hängt nicht davon ab, ob ich weiß, wie es in die Welt gekommen ist. Ebenso misslich ist an der Astrologie-Kritik, dass die Astrologie regelmäßig falsch verstanden wird: Meist wird nur auf die Sternzeichen, nicht aber auf Aszendenten und so weiter und darauf geachtet, dass Astrologen meist gar nicht behaupten, dass astrologische Eigenschaften die einzigen verhaltensprägenden Faktoren wären. Eine Theorie zu kritisieren, die man falsch wiedergibt, ist jedoch witzlos. Hier wird überschießende Begeisterung für vermeintlich rein naturwissenschaftliche Verhaltensforschungsansätze unfreiwillig zu einem weiteren Beweis dafür, wie unvollständig diese Sichtweise ist.

Es hilft daher nichts: Wenn, dann muss man die Komplexität astrologischer Aussagen nehmen und sie in genau jener Komplexität durch Beobachtung bestätigen oder widerlegen. Ohne dies hier weiter vertiefen zu wollen: Ich selbst betreibe aus Spaß solche Selbst- und Fremdbeobachtungen seit knapp 20 Jahren und erlebe sie als nicht nur sehr unterhaltsam, sondern auch verblüffend anregend. Verblüffend jedenfalls für mich als Sohn eines weltreisenden Naturwissenschaftlers. Ob man das nun für interessant oder für verrückt hält, unter dem Strich ist zu konstatieren: In Nachhaltigkeitsfragen bringt uns das nicht weiter, weil es eben ganz verschiedene Charaktere gibt.

Teil IV

Wege zur Ermöglichung von Wandel – gesellschaftlich und individuell

22

Nachhaltigkeit: durch Wechselspiele zwischen Politik, Unternehmen, Bürgern blockiert oder doch ermöglicht? Zugleich zu Institutionen und Ethik

Was determiniert also die Möglichkeit individuellen und gesellschaftlichen Wandels? Wie wir sahen, jedenfalls nicht allein der Kapitalismus, das politische oder wirtschaftliche Eigennutzenstreben, eine mangelnde Bildung oder die Gene. Das Bild ist komplexer. Es ist im Verlauf der Analyse deutlich geworden, dass vielfältige Motivationsfaktoren den Wandel allgemein und noch viel mehr die Transformation zur Nachhaltigkeit herausfordernd machen. Ungeachtet dessen sind doch immer wieder bewusste Entwicklungsprozesse im Alltag wie auch gesamtgesellschaftlich und menschheitsgeschichtlich anzutreffen.

Nicht nur gesellschaftliche Entwicklung und persönliches Nachhaltigkeitsverhalten, sondern allgemein Wandel kann über die ausdifferenzierten Verhaltensfaktoren beschrieben werden. Wenn etwa meine Beziehung glückt oder scheitert, hat das sicherlich mit Eigennutzenkalkülen der Beteiligten zu tun, aber auch stark mit Emotionen, und zwar nicht nur mit Zuneigung, sondern auch Bequemlichkeit, Gewohnheit oder dem Wunsch nach Anerkennung. Pfadabhängigkeiten in Form eingeschlagener Wege gibt es zuhauf, und persönliche wie gesellschaftliche Normalitätsvorstellungen und Werthaltungen rahmen das Ganze ein. Hinter alledem steht teils Allgemeinmenschliches, teils kulturell Gewordenes, letzteres einschließlich meiner biographischen Prägungen.

Gesellschaftlicher Wandel kann hinsichtlich seiner vielfältigen Beweggründe beschrieben und erklärt werden, er lässt sich indes deutlich schwerer planen. Eine grundlegende Aussage dazu lässt sich zunächst wiederholen: Wandel geschieht regelmäßig in einem

Wechselspiel verschiedener Akteure. Dieses muss man also beeinflussen. Wenn etwa die Teufelskreise zwischen diversen Beteiligten wie Politik, Unternehmen, Bürgern, Konsumenten, Interessenverbänden und Medien aufgebrochen werden sollen, die im Augenblick eine ernsthafte Nachhaltigkeitswende blockieren, geht das wegen der wechselseitigen Abhängigkeiten aller Wahrscheinlichkeit nach nur in einem Wechselspiel eben dieser Akteure.[129]

Wir betrachten in den nächsten Kapiteln, welche Motivationsfaktoren möglicherweise inwieweit beeinflusst werden können – sei es in meinem ganz persönlichen Leben, sei es gesellschaftlich etwa bei der Nachhaltigkeit. Ebenso wie beim Wechselspiel der Akteure können dabei verschiedene Staaten oder allgemeiner gesprochen Institutionen untereinander gegebenenfalls in ein Wechselspiel treten, wobei auch dort die analysierten Verhaltensmotive ganz gleichermaßen einschlägig sind. Auch dort können sich Blockaden ergeben, wenngleich das verbreitete Vorurteil, dass die Demokratie wegen ihrer formalen Verfahren per se den Wandel behindert – und womöglich gar durch eine (Öko-)Diktatur ersetzt werden sollte –, nicht zutrifft. Gerade das Wechselspiel in der gewaltenteiligen Demokratie ermöglicht Lernfähigkeit. Und funktionierende Institutionen bilden historisch gesehen ein Bollwerk gegen totalitäre Tendenzen. Nicht umsonst untergruben oder zerstörten Nazis, Stalinisten, Rote Khmer und ihre Freunde im Vorfeld ihres Terrors regelmäßig erst einmal die bestehenden Institutionen.

Wandel ergibt allerdings hauptsächlich dann einen Sinn, wenn man weiß, wohin man will. Für mich persönlich kann ich als Einzelner diese Ziele, solange keine anderen beeinträchtigt werden, willkürlich festlegen. Und es gibt – dazu am Abschnittsende noch etwas näher – auch keine objektiven Maßstäbe dafür, welche Ziele ich verfolgen sollte, ob ich also zum Beispiel in die Oper gehen, meine Wände gelb streichen oder lieber Schäfer werden sollte. Anders stellt es sich jedoch in politischen Fragen dar, also dann, wenn es darum geht, die Selbstbestimmung des einen mit der des anderen in Einklang zu bringen. Zum Beispiel in Sachen Nachhaltigkeit. Dieses gesamte Buch versteht sich zwar, wenn Verhalten und Wandel erklärt werden, als reine Faktenbeschreibung. Gleichwohl soll hier kurz eine normative Frage aufgeworfen werden, die andernorts wiederholt ausführlich abgehandelt wurde.[130] Glauben wir nur faktisch, bestimmten Werten verpflichtet zu sein (dazu Kapitel 18) – oder lassen sich Sollensfragen wirklich rational im Sinne von objektiv mit Gründen entscheiden, auch wenn gerade Naturwissenschaftler und Ökonomen das für einigermaßen abwegig halten?

Ist etwa mehr Nachhaltigkeit wirklich nur im eigenen Interesse ratsam, weil ich mir persönlich eine dauerhaft friedliche Welt wünsche? Oder ist eine solche Forderung vielmehr normativ (das ist der Oberbegriff für ethisch/moralisch und rechtlich) geboten, also gerecht? Gerechtigkeit, ein weiterer Oberbegriff für das Reden über die Ziele und Werte von Gesellschaften, meint ganz allgemein die Richtigkeit einer gesellschaftlichen Ordnung. Gerechtigkeit handelt davon, wie die Gesellschaft und menschliches Verhalten sein sollen. Die aufgeschriebene Verfassung – als rechtliche Grundordnung von Gesellschaften – ist dabei mit ethischer Gerechtigkeit – also mit dem, was Ethik und Moral darüber aussagen, wie Gesellschaften sein sollen – natürlich nicht notwendigerweise identisch. Bei liberal-demokratischen Verfassungen wird sich diese Deckung allerdings im Folgenden als gegeben erweisen, wenn wir jene Verfassungen richtig interpretieren. Die ethische Fundierung der freiheitlichen Demokratie verleiht den nachstehend entwickelten Aussagen damit einen parallel ethischen und konkret rechtlich-verbindlichen Charakter.

Nehmen wir für den Moment einmal folgende These an: Gerecht ist eine Gesellschaft dann, wenn in ihr jeder nach eigenen Vorstellungen leben kann und alle anderen das auch können – wenn also jeder gleichermaßen ein so bezeichenbares Recht auf Freiheit hat und Freiheitskonflikte durch gewaltenteilig-demokratische Institutionen gelöst werden. Wir bezeichnet dieses Recht auf Freiheit gerne mit einem relativ vagen Begriff als »die Menschenrechte«, aufgespalten in allgemeine Handlungsfreiheit, Versammlungsfreiheit, Berufsfreiheit, Eigentumsfreiheit, Religionsfreiheit, Meinungsfreiheit und so weiter – und, wie wir sehen werden, auch den Schutz elementarer Freiheitsvoraussetzungen wie Leben, Gesundheit und Existenzminimum.

Aussagen über erstrebenswerte Ziele oder Werte, also darüber, wie Gesellschaften sein sollen – wie es beispielsweise die eingeführte These zur Gerechtigkeit als Freiheit ist –, sind ja etwas anderes als Fakten (Kapitel 8). Können solche Aussagen objektiv richtig sein, so dass Gerechtigkeit auch in einer globalisierten, pluralistischen Welt mehr ist als ein subjektives Geschmacks- oder Mehrheitsurteil? Und dass damit auch eine unzureichende Wende zur Nachhaltigkeit als nicht nur volkswirtschaftlich dumm, sondern auch moralisch und rechtlich kritikwürdig bezeichnet werden kann? Eine solche Grundlegung können sozialwissenschaftliche Fakten zu unserem realen Verhalten oder naturwissenschaftliche Klimafakten allein nicht liefern. Denn aus empirischen Messungen und Beobachtungen folgt für sich genommen nichts darüber, wie die Welt sein soll. Man benötigt vielmehr eine Norm, die zeigt, dass ein Zustand wünschenswert oder nicht wünschenswert ist. Fakten sind lediglich das Beweismaterial, um zu zeigen, dass eine Norm eingehalten oder nicht eingehalten wurde, etwa dass ein moralisch als nicht wünschenswert ausgewiesener Klimawandel tatsächlich stattfindet. Man kann die Normen für wünschenswerte Zustände einfach dem Recht entnehmen, das beispielsweise die eben thesenhaft eingeführte Grundordnung enthält. Doch braucht auch das Recht eine Grundlage, die zeigt, dass das Recht richtig ist.[131]

Dass Tatsachenaussagen, trotz aller Unsicherheiten und Beweisschwierigkeiten im Detail etwa beim Klimawandel, grundsätzlich *wahr* und damit objektiv sein können, wird selten bestritten, außer von radikalen Relativisten, und auch die handeln im wirklichen Leben selten nach dieser Einstellung (niemand hält es ernstlich für Ansichtssache, ob hier ein Tisch steht). Weniger klar ist, ob auch moralisch-rechtliche Normen *richtig* und damit ebenfalls objektiv sein können.[132]

Man muss dazu einige Begriffe verstehen. »Objektiv« meint »nicht subjektiv«, also nicht abhängig von bestimmten Perspektiven, kulturellen Hintergründen oder Einstellungen – also überall gültig und rational einsehbar. Rationalität respektive Vernunft meint die Befähigung, Fragen mit Gründen zu entscheiden. Geht es um die Frage nach der Gültigkeit von moralisch-rechtlichen Normen, spricht man von normativer Vernunft. Dagegen handeln die instrumentelle und die theoretische Vernunft von Fakten. Die instrumentelle Vernunft handelt davon, mit welchen Mitteln eine als richtig vorausgesetzte Norm, etwa ein bestimmtes Klimaziel, am wirksamsten umzusetzen wäre. Dabei kommt dann auch das Wissen darüber ins Spiel, was Menschen rein faktisch motiviert, denn das sind neben ethischen Werten viele weitere Faktoren. Die theoretische Vernunft handelt von Faktenermittlung ohne konkreten Handlungsbezug, etwa die naturwissenschaftliche Klimaforschung.

Also in aller Kürze etwas dazu, wie man zeigen kann, dass Normen wie die Forderung nach Nachhaltigkeit objektiv richtig und rational sein können. In einer pluralistischen Welt streitet man notwendigerweise über normative Fragen. Selbst Fundamentalisten und Autokraten tun dies unweigerlich, wenigstens gelegentlich. Und sie bedienen sich dabei der menschlichen Sprache. Wer aber mit Gründen (das heißt rational) streitet, also in normativen Fragen Sätze wie »X ist richtig, weil Y« formuliert, setzt logisch erstens die Möglichkeit von Rationalität in der Ethik und zweitens die Freiheit als Zentralnorm voraus, ob er das nun will oder nicht. Wir setzen, indem wir rational (also mit Gründen) über normative Fragen streiten, logisch voraus, dass normative Fragen überhaupt mit Gründen und nicht nur für jeden nach seinem subjektiven Empfinden entschieden werden können. Wir setzen das sogar jeden Tag im Leben auch einfach dadurch voraus, wenn wir normative Thesen aufstellen und diese begründen. Und es dürfte nahezu unmöglich sein, ein Leben lang nie Sätze mit »weil, da, deshalb« zu normativen Fragen zu formulieren. Damit ist kein Entkommen vor der grundsätzlichen Möglichkeit von Rationalität in normativen Fragen. Wir setzen die Möglichkeit objektiver Aussagen aber auch dann logisch voraus, wenn wir sagen: »Ich bin Skeptiker und sage, es gibt objektiv nur subjektive Aussagen über Moral.« Diese Aussage kann nur gültig sein, wenn es eben doch Objektivität gibt. Damit hebt sich die Kritik an der Objektivität logisch selbst auf – so sehr wir rein faktisch auch zu subjektiven Sichtweisen neigen, wie im Kapitel über Emotionen deutlich wurde.[133]

Wir setzen im Streit mit Gründen miteinander ferner logisch voraus, dass die möglichen Diskurspartner gleiche Achtung verdienen. Denn Gründe sind egalitär und das Gegenteil von Gewalt und Herabsetzung; und sie richten sich an Individuen mit geistiger Autonomie, denn ohne Autonomie kann man keine Gründe prüfen. Niemand könnte sagen: »Meine These X und ihre Begründung würde zwar von Herrn P leicht widerlegt werden können, du, lieber Q, solltest sie als Dummkopf aber glauben.« Und es würde auch niemand sagen können: »Nachdem wir P zum Schweigen gebracht hatten, konnten wir uns endlich überzeugen, dass X ein guter Grund für Y ist.« Es widerspricht mithin gerade dem Sinn von »Gründen«, das Begründen als relativ zur Person des Adressaten zu verstehen – ein Grund überzeugt und kann *von jedem eingesehen* werden. Jemand, der in einem Gespräch über Gerechtigkeit Gründe gibt (also Sätze mit »weil, deshalb, da« spricht), dann aber dem Gesprächspartner die Achtung versagt, widerspräche ergo dem, was er selbst logisch voraussetzt.

Folgerichtig muss der, der sich einmal auf den Streit über Gerechtigkeit mit Gründen und damit auf die Vernunft einlässt, den Partner als Gleichen achten – einerlei, ob er sich der Implikationen seines Begründens bewusst ist oder ob er etwa zu bloßen Überredungszwecken zu diskutieren meint. Denn es geht hier um logische Implikationen unseres Sprechens, nicht dagegen um unser faktisches Selbstbild. Die somit vernunftgebotene Achtung vor der Autonomie als Selbstbestimmung muss nun aber gerade dem Individuum gelten und damit Respekt vor der individuellen Autonomie sein: Kollektive als solche sind nämlich gar keine möglichen Diskurspartner. Dieses ist vielmehr der einzelne argumentierende Mensch. Das ist die Begründung für das Prinzip der Achtung vor der Autonomie der Individuen (Menschenwürde). Zugleich ist damit das Prinzip begründet, dass Gerechtigkeit Unabhängigkeit von subjektiven Perspektiven meint (Unparteilichkeit). Aus Würde und Unparteilichkeit wiederum folgt das Recht auf Freiheit für alle Menschen, wobei sich die Begründung der Freiheit durch die Würde auch in liberal-demokratischen Verfassungen wörtlich findet. Folglich kann nur das Freiheitsprinzip respektive die Selbstbestimmung – so meine zumindest ich, wiewohl ich es hier nur knapp erwähne – die Basis aller ethischen und rechtlichen Begründungsansätze sein. Mangels zwingender Begründung können andere Prinzipien mit dieser würde- und unparteilichkeitsbasierten Selbstbestimmung nicht in Konkurrenz treten.

Wie aber kann man aus jener Norm von der Selbstbestimmung zum Beispiel die Verpflichtung zu mehr Nachhaltigkeit begründen? Nehmen wir das Klima-Beispiel. Schwindende Energieträger und Klimawandel schaden massiv den davon voraussichtlich betroffenen Millionen und Milliarden Menschen, insbesondere künftigen und weit entfernt lebenden Menschen, die wenig für die Ursachen dieser Probleme können. Wir untergraben, wenn wir nicht konsequent aus den fossilen Brennstoffen aussteigen, die Selbstbestimmung respektive die Freiheit von Menschen – durch die Zerstörung unverzichtbarer vitaler Grundlagen. Und entgegen einer verbreiteten Tradition müssen die Freiheitsrechte konsequent so interpretiert werden, dass sie die elementaren physischen Freiheitsvoraussetzungen einschließen – also einen Anspruch nicht nur auf Sozialhilfe und nicht nur auf ein gewisses Quantum an Sicherheit, also jedenfalls Abwesenheit von Krieg und Bürgerkrieg, sondern auch auf ein Vorhandensein einer einigermaßen stabilen Ressourcenbasis und eines entsprechenden Globalklimas. Warum? Ohne ein solches Existenzminimum (und ohne Leben und Gesundheit) gibt es keine Freiheit. Es ist daher logisch in der Freiheit mitgedacht.

Der Schutz des Menschenrechts auf die elementaren Freiheitsvoraussetzungen gilt nicht nur hier und heute, sondern wirkt auch zugunsten künftiger Generationen und zugunsten von Menschen in anderen Ländern und Kontinenten. Denn die Freiheit hat, wenngleich auch das meist verkannt wird, eine Nachhaltigkeitsdimension: Sie muss also zeitübergreifend und grenzüberschreitend respektiert werden. Denn es sind zu ihrem Lebenszeitpunkt auch junge und künftige Menschen natürlich Menschen – und schon heute sind dies die Menschen in anderen Ländern – und damit Träger des Menschenrechts auf Freiheit und Selbstbestimmung. Dieses Recht auf gleiche Freiheit hat gerade den Sinn, dann zu wirken, wenn ihm Gefahren drohen – und sie drohen in einer technisierten, globalisierten Welt grenzüberschreitend und über lange Zeiträume. Außerdem wirken die Vernunft und die von ihr begründeten Prinzipien wie gesehen universal; ich kann daher die vernunftbegründete Freiheit nicht nur denen zugestehen, die mir zufälligerweise gerade persönlich gegenüberstehen.

Der Menschenrechtsschutz in Nachhaltigkeitsfragen scheitert auch nicht etwa daran, dass künftige Entwicklungen wie der Klimawandel in den Details unsicher sind. Ein solcher vorsorgender Menschenrechtsschutz wird unter Juristen oft geleugnet[134], ich würde ihn aber bejahen. Würden wir etwa mit dem Klimaschutz abwarten, bis letzte Zweifel an der anthropogenen Verursachung des Klimawandels beseitigt sind, wäre es für Abhilfemaßnahmen zu spät. Dann wäre erneut die menschenrechtliche Freiheit das Papier nicht wert, auf dem sie steht.

Gegen einen Nachhaltigkeits-Menschenrechtsschutz spricht auch nicht etwa, dass die Freiheit nur garantiere, dass man in Ruhe gelassen werde, nicht aber, dass öffentliche Gewalten die einen Menschen vor den anderen schützen. Denn entgegen gewissen Denktraditionen seit den Zeiten der Aufklärung ist der Staat nicht die alleinige Gefahr für die Selbstbestimmung. Die öffentliche Gewalt hat national und transnational gerade auch die Aufgabe zu verhindern, dass die Bürger wechselseitig ihre Freiheit zerstören. Das ist hier zentral, denn der Staat selbst verursacht den größten Teil der Klimaemissionen ja nicht; das machen private Unternehmen und Konsumenten. Könnte man von denen nichts verlangen, liefe der Versuch leer, mit dem Selbstbestimmungsgedanken Nachhaltigkeitsforderungen zu begründen.

Viele werden eine Nachhaltigkeitswende etwa beim Energie- und Klimathema gleichwohl als eher freiheitseinschränkend erleben, etwa für die wirtschaftliche Freiheit und die Konsumfreiheit. Dass die Freiheit des einen mit der Freiheit des anderen kollidiert, passiert notwendigerweise jeden Tag. Genau damit ist Politik befasst. Es können nicht alle gleichzeitig vollumfänglich und beliebig Gebrauch von ihrer Freiheit machen. Man muss vielmehr zwischen den sich überschneidenden Freiheitssphären Kompromisse machen, juristisch und ethisch gesprochen also abwägen. Ich möchte vielleicht Dinge tun, die jemand anderes nicht möchte, und umgekehrt. Die beliebte Formel »Die Freiheit des einen endet dort, wo die Freiheit des anderen beginnt« ist ergo falsch. In Wirklichkeit überschneidet sich meine Freiheit weitgehend mit der vieler anderer Menschen, und es muss gerade entschieden werden, wo letztlich die Grenze verlaufen soll, weil jener Grenzverlauf keineswegs irgendwie evident ist. Aber heißt das jetzt, dass Politiker und Individuen am Ende doch nach Belieben darüber entscheiden dürfen, ob und wie ernsthaft sie etwa die Energie- und Klimawende angehen? Genau das stimmt nicht. Ich möchte dies an einzelnen wichtigen Aspekten kurz aufzeigen.

Wenn Freiheit der Grundgedanke für Ethik und Recht ist und optimal zur Geltung gebracht werden soll, müssen die nötigen Abwägungen Regeln folgen, die dem Freiheitsprinzip dienen. Abwägungen bedingen zwar Entscheidungsspielräume, wenn dieser Rahmen aber verletzt wird, ist das Abwägungsergebnis ethisch und rechtlich zu beanstanden. Auch die Verfahrensregeln dafür, wie und durch wen die Spielräume zu füllen sind, müssen dem Freiheitsgedanken folgen. Das wichtigste Beispiel dafür ist: Für die Füllung sind insbesondere Parlamente zuständig. Denn das ist die freiheitsfreundlichere Regelung, weil ein Parlament durch Abwahl kontrolliert werden kann, ein Gericht dagegen nicht. Von Gerichten, etwa von Verfassungsgerichten, kann dagegen eine politische Entscheidung gerügt werden, die die Abwägungsregeln verletzt, und damit ein Tätigwerden der Parlamente und Behörden eingefordert werden.

Die für unseren Zusammenhang wichtigste Abwägungsregel, die wiederum dem Freiheitsprinzip entnommen werden kann, lautet: Es verletzt die äußeren Grenzen möglicher Abwägungsspielräume, wenn das System der Freiheit insgesamt zum Einsturz zu kommen droht durch eine Welt ständiger Kriege und Bürgerkriege aufgrund klimawandelbedingt schwindender Nahrungs- und Wasserversorgung. Damit ergibt sich ohne Abwägungsspielraum eine grundrechtliche Verpflichtung auf einschneidende klimapolitische Maßnahmen – global, europäisch und national.

Eine ernsthafte Energie- und Klimawende ist also nicht bevormundend, sondern ermöglicht erst Freiheit langfristig und weltweit durch klare Rahmensetzungen und Spielregeln. Nicht möglich ist dagegen, ein normativ richtiges Glück für jedermann vorzuschreiben – sozusagen Wandern als rechtes Glück und RTL-2-Konsum als falsches Glück. Denn die Selbstbestimmung verträgt Beschränkungen nur dort, wo es zum Nutzen anderer Menschen ist. Und die Selbstbestimmung ergibt auch einfach keinen objektiven Maßstab dafür, ob man eher dies oder eher jenes mögen soll. Ein erzieherischer Staat ist damit ausgeschlossen. Sehr wohl kann ich dagegen die Selbstbestimmung im Sinne der Selbstbestimmung anderer beschränken. Also zum Beispiel das Fliegen drastisch verteuern, um andere vor den Folgen des Klimawandels zu schützen. Wir müssen das sogar, weil wir sonst wie gesehen Freiheit und Demokratie zum Einsturz zu bringen drohen.

23

Wie sich Normalitäten, Werte, Eigennutzen und Pfadabhängigkeiten wandeln können – persönlich und gesellschaftlich

Normativ wäre also Wandel gefordert, jedenfalls in puncto Nachhaltigkeit. Es wurde aber schon deutlich, dass er faktisch schwierig ist und speziell Werte, mögen sie nach dem eben Gezeigten normativ auch klar vorgeben, was wir eigentlich tun müssten, rein faktisch nur begrenzt zum Handeln motivieren. Wie lässt sich nun dennoch Wandel konstruktiv anstoßen? Und an welche Motivationsfaktoren kann wie angeknüpft werden – und wo werden Bestrebungen nach Wandel womöglich auf Granit beißen? Wie schon mehrfach festgestellt, setzt Wandel wegen der wechselseitigen Abhängigkeiten in jedem Fall ein Wechselspiel verschiedener Akteure voraus – wie Politik, Unternehmen, Lobbyisten, Medien und uns allen. Anschließend sollen in Kapitel 23 und 24 einige konkret mögliche Handlungen, etwa politische Maßnahmen, am Beispiel Nachhaltigkeit etwas näher betrachtet werden. Im vorliegenden Kapitel geht es dagegen erst einmal darum, inwiefern man auf einzelne Motivationsfaktoren ändernd einwirken kann oder eben nicht. Dinge können sich grundsätzlich ändern, Sozialisation ist ein fortlaufender Prozess.

Meine Analysen dazu sind wieder allgemein gehalten, nehmen aber besonders die gesellschaftliche Kernherausforderung des 21. Jahrhunderts, die Nachhaltigkeit, in den Blick. Klar muss dabei sein: Man kann aus den Erkenntnissen zu den in diesem Buch analysierten verhaltensprägenden Faktoren zwar Schlüsse darauf ziehen, ob und wie sich an bestimmten Stellen ansetzen lässt. Man kann aber bei einer noch nie da gewesenen Situation wie der existenziellen Herausforderung des globalen Klimawandels nicht erwarten, dass irgendjemand etwa anhand historischer Beispiele oder praktischer Erfahrungen präzise nachzeichnen kann, was geht und was nicht geht.

Denn die nötigen Maßnahmen, wie es ein Vollausstieg aus den fossilen Brennstoffen in wenigen Jahren wäre, sind so außerordentlich, dass es sie einfach noch nicht gab. Das wird oft verkannt, wenn nach »guten Beispielen in anderen Ländern« oder Ähnlichem gefragt wird. Die gibt es für wirklich einschneidende Aktionen schlicht nicht.

1. Als erster Verhaltensfaktor ist das **Wissen** auf seine Aktivierbarkeit für den Wandel hin zu befragen. Sicherlich gehört zu Wandel Wissen. Wenn ich nicht weiß, dass Rauchen krebserregend ist, werde ich einfach weiterrauchen. Ebenso gehört zu gesellschaftlichem Wandel neues Wissen einschließlich neuer Technologien, so auch beim Thema Nachhaltigkeit – aber eben nicht allein (Kapitel 11). Wie alle folgenden Punkte ist die Erweiterung des Wissens außerdem nur in einem **Wechselspiel zwischen verschiedenen Akteuren** möglich. Politik muss Regeln für mehr Transparenz erlassen, Bürgerschaft und Unternehmen müssen die Politik zum Beispiel zu Vorgaben in Richtung besserer Informationsangebote und Unterstützung aussichtsreicher Forschung drängen – und sich auch selbst darum bemühen.
2. Ferner verlangt der **Kollektivgutcharakter** etwa von Nachhaltigkeitsproblemen wie dem Klimawandel nach politisch-rechtlichen und damit für alle geltenden Regeln. Das ist nötig, damit nicht der Einzelne sich allein umstellen muss und etwa den Eindruck hat, das eigene Handeln verpuffe in Ermangelung der Mitwirkung anderer Menschen, sondern kooperativ im Sinne von Reziprozität vorgegangen werden kann. Denkbar ist dafür insbesondere, wie man noch sehen wird, eine schrittweise Verknappung und damit Verteuerung der fossilen Brennstoffe. Dies reflektiert zugleich den bürgerlichen und unternehmerischen Eigennutzen, der auf Preise reagiert. Durch politisch-rechtliche Regelungen können Pfadabhängigkeiten minimiert oder bewältigt werden. Verbietet man beispielsweise neue Genehmigungen für Kohlekraftwerke oder für energetisch ineffiziente Häuser, vermeidet man langfristige Festlegungen auf diese Technologien. Desgleichen kann das Verändern von Institutionen wie etwa Verwaltungsstrukturen der Etablierung eines neuen Denkens dienlich sein.

3. Dass klare Vorgaben einschließlich klarer Sanktionen im Übertretungsfall helfen[135], markiert direkt den nächsten Punkt, das Überdenken bisheriger **Eigennutzenkalküle**. Dass Eigennutzenkalküle menschlich sind, sich aber stärken oder schwächen und damit verändern können, ist schon historisch offenkundig, weil Menschen sowohl im Laufe ihres Lebens als auch im Laufe der Menschheitsgeschichte je nach kultureller Überformung ganz unterschiedliche Dinge als für sie persönlich nützlich begreifen können. Sicherlich haben viele Menschen, Unternehmen und politisch Handelnde, besonders in den fossilen Unternehmen und in den Ölförderstaaten, aktuell kein großes Interesse etwa an einem besseren globalen Klimaschutz. Langfristig ist Nachhaltigkeit jedoch für fast alle Menschen vorteilhaft und damit eine Politik, die beispielsweise die fossilen Brennstoffe schrittweise aus dem Markt nimmt. Genau dies würde den Eigennutzen in eine andere Richtung lenken. Dass eine solche Politik gemacht wird, ist freilich wegen des Wechselspiels der Akteure und der darin begründeten kurzfristigen Abwahlgefahr nicht leicht in hoher Geschwindigkeit zu realisieren – obwohl wir etwa beim Klimawandel eigentlich keine Zeit zu verlieren haben.

   Besonders hilfreich ist, wenn zugleich kurzfristig sichtbare konkrete Vorteile in Aussicht stehen. Dabei sollte damit gerechnet werden, dass Menschen – selbst im Bereich ihrer Eigennutzenkalküle – nicht ausschließlich wirtschaftliche Interessen verfolgen und deshalb eine Stoßrichtung zu kurz greift, die ausschließlich die Wirtschaftlichkeit von Nachhaltigkeitsmaßnahmen diskutiert, ob man also sozusagen mit Energiesparbirnen Geld sparen kann oder nicht. Klimaschutz zum Beispiel entfaltet meist nicht direkt positive Wirkungen. Doch wenn man klimapolitisch die fossilen Brennstoffe zurückdrängt, fördert dies die Gesundheit, etwa über reduzierte Luftschadstoffe. Und man verringert Flüchtlingszahlen, weil die Konflikte im Nahen Osten maßgeblich durch unseren Hunger nach Öl befeuert werden. Zudem kann Klimaschutz unter sozialen Verteilungsgesichtspunkten interessant sein, weil ein Klimawandel die sozial Schwachen am stärksten träfe. Klare politisch-rechtliche Vorgaben und damit gleiche Standards für alle sind auch für Unternehmen am ehesten akzeptabel, jedenfalls dann, wenn man international und sektorübergreifend ansetzt. Unternehmen und Bürgerschaft können in all diese Richtungen auch politischen Druck aufbauen, wenn sie sich selbst und ihre eigenen Handlungsspielräume ernst nehmen; und wir alle können selbst unseren Eigennutzen reflektieren und stärker langfristig auszurichten versuchen. Politik existiert eben nicht unabhängig von den anderen Akteuren. Ohne diesen Schritt wird es auch keine andere Politik geben.

Überoptimistisch wäre dagegen die von manchen Leuten geäußerte Hoffnung[136], dass allein der wachsende Problemdruck schon die Dinge zum Besseren wendet. Darauf sollte man speziell bei wenig sichtbaren Problemen kaum hoffen. Politiker, Unternehmer, Lobbyisten und wir alle müssen hier schon selbst aktiv werden.

4. Möglich und dringend notwendig ist ebenfalls eine verstärkte Debatte über einen **Wertewandel** respektive neue Überzeugungen in der Gesellschaft und in den Unternehmen, weg vom Wachstums- und Naturbeherrschungsglauben und weg von einem primär konsumistisch ausgelebten Freiheitsverständnis ohne Rücksicht auf die Folgen. In Verknüpfung von Faktenwissen und hinterfragten Werthaltungen kann man – gerade wenn der Wandel von allen gemeinsam vollzogen werden soll – die Notwendigkeit ökologisch begründeter Maßnahmen sehr überzeugend präsentieren.[137] Die guten menschenrechtlichen Gründe gerade für Nachhaltigkeit kamen bereits zur Sprache. Auch über Glückskonzepte kann geredet werden (dazu Kapitel 28 – 29). Die Relevanz von Werten für reales Verhalten wird, wie wir gesehen haben, zwar oft überschätzt; gleichzeitig ist eine normative Vision wichtig, um Normalitätsvorstellungen und emotional verfestigte Gewohnheiten durchbrechen zu können. Klare Ziele können einen wesentlichen Einfluss haben; das bemerkt man schon, wenn man sich persönlich verändern will.

5. **Normalitätsvorstellungen** bilden einen weiteren Ansatzpunkt für Wandel. Sie verändern sich ohnehin konstant, wenn auch langsam und selten planmäßig. Sie können im Prinzip von uns allen jeden Tag hinterfragt und revidiert werden. Dies gilt gleichermaßen für Bürgerschaft, Unternehmen, Politik sowie weitere Akteure wie Wissenschaftler, Lobbyisten usw. Normalitätsvorstellungen folgen indes keinem Masterplan, und mit dem hohen Beharrungsvermögen solcher Vorstellungen hat man ein Problem, zumal sie sich im eher un- oder halbbewussten mentalen Bereich bewegen. Beeinflussen kann man Normalitätsvorstellungen wie erwähnt schon durch Preise. Denn Normalitätsvorstellungen werden durch den Preis eines Gutes (etwa Benzin) potenziell mitgeprägt. Die Vorstellung etwa, dass ein Fernseher oder eine Waschmaschine zu einem »normalen« Haushalt gehören, wäre wohl kaum entstanden, wenn diese Güter sehr teuer wären.

   Ferner kann in puncto Normalitätsvorstellungen jeder selbst das bisher Unhinterfragte im eigenen Lebensentwurf zumindest mit einer gewissen Mühe zu hinterfragen beginnen. Und was noch wichtiger ist: andere Lebenspraktiken ausprobieren, mit anderen darüber reden, sich Bündnispartner suchen und sich gegenseitig ein Vorbild sein, sich von Rückschlägen nicht entmutigen lassen. Hilfreich sein können Allianzen wie Umweltverbände oder Graswurzelinitiativen, die Druck aufbauen, geänderte Lebens- und Wirtschaftsweisen vorleben, positive Visionen (wir sagten es bei den Wertvorstellungen) aufzeigen, gleichzeitig aber auch die möglichen katastrophalen Folgen eines Nichthandelns verdeutlichen. Ebenso wichtig ist es, die Verdrängung des schleichenden Wandels von Normalitäten etwa hin zu immer mehr Wohlstand aufzuheben.

   Ferner spielen konsequent handelnde Vorbilder für Normalitätsvorstellungen eine Rolle, seien es Politiker, Showstars, Unternehmer oder andere öffentlich sichtbare Personen.[138] Viele scheinbare Politiker-Vorbilder sind indes eher mäßig geeignet, wenn man genauer hinschaut. Friedensnobelpreisträger Al Gore beispielsweise mag viel zur Diskussion über den Klimawandel beigetragen haben durch seinen Film »Eine unbequeme Wahrheit«. Gleichzeitig ständig zu fliegen, in einem sehr großen Haus zu wohnen, die Notwendigkeit klarer Verhaltensänderungen nicht anzusprechen und in seiner Zeit als US-Vizepräsident nicht gerade als Klimavorreiter hervorzutreten, wirkt eher bestärkend für den bisherigen als für einen nachhaltigen Lebensstil. Bislang wartet man dementsprechend vergeblich auf einen Politiker oder Showstar, der sagt: »Ich esse vegetarisch, fliege nicht in den Urlaub, fahre kein Auto, springe nicht im Winter im T-Shirt durch die überheizte Wohnung – und ich fühle mich dabei moralisch gut und bin vielleicht sogar viel glücklicher als viele andere.« Es gibt reihenweise Personen, die einzelne symbolische Handlungen vollziehen. Doch zu einem breit angelegten Technik- und Verhaltenswandel beim Einzelnen kommt es fast nie.

All dies ist auch deshalb wichtig, weil das Aufbauen neuer Normalitätsvorstellungen auf eine Aufkündigung der Konformität mit dem bisherigen Umfeld hinausläuft. Dies gelingt besser, so weiß man aus historischen Beispielen (etwa aus der NS-Widerständler-Forschung) und aus der menschlichen Konformitätsneigung, wenn man Unterstützung durch andere erfährt, wozu neben Bündnispartnern eben auch Vorbilder gehören.[139] Hilfreich ist außerdem, politisch nicht nur Visionen und Maßnahmen, sondern auch die Hindernisse klar zu benennen und anzugehen – bei Nachhaltigkeitsfragen wie dem Klimaschutz etwa die Kostenverteilung und Übergangslösungen für bisher von fossilen Brennstoffen geprägte Regionen.[140] Auch klein anzufangen und auf neue Gewohnheiten und Identitäten, möglichst unter Anknüpfung an bereits gelebte Üblichkeiten, hinzuwirken, ist von zentraler Bedeutung.[141] Wichtig ist, Normalitätsvorstellungen und Eigennutzenkalküle im Zusammenhang zu bedenken. Verspricht – wir sahen es bereits – ein Wandel etwa gesundheitliche Vorteile, ästhetische und monetäre Belohnungen, zum Beispiel weil eine alternative Normalität attraktiv erscheint, so ist dies ebenfalls sehr hilfreich.

Eine bessere Energie- und Klimapolitik hängt zwar vom Wandel bei uns allen in puncto Normalitätsvorstellungen ab, sie kann diesen Wandel aber ihrerseits mitprägen. Lernfähigkeit, sei es bei Normalitätsvorstellungen oder bei den an sich rational zugänglichen Werten, benötigt freilich Zeit.[142] Am ehesten sind – wir sagten es schon wegen des Wechselspiels der Akteure – gleitende Übergänge denkbar, was zugleich zum Beispiel ökonomischen Eigennutzenkalkülen im Sinne von Planungssicherheit entgegenkommt.

6. Eine große Herausforderung bezogen auf alle Akteure bleibt, dass sich vieles verändern lässt – die grundlegenden menschlichen Gefühle dagegen nur sehr begrenzt. Denn gerade **Emotionen** verweisen auf biologische Grundlagen, die sich zwar gegebenenfalls überformen, aber kaum völlig eliminieren lassen. Bereits neue Normalitätsvorstellungen sind nicht wirklich am Reißbrett planbar. Erst recht werden grundsätzliche emotionale Ausstattungen des Menschen wie unsere Tendenzen zur Bequemlichkeit, Gewohnheit, Verdrängung oder Desinteresse an raumzeitlich komplexen Problemen nur unter größten Schwierigkeiten zu relativieren sein. Immerhin kann man Gefühle im Einzelfall teilweise (allerdings nicht immer und nicht vollständig) kontrollieren und überprüfen, und man kann Aspekte wie das Mitgefühl anzusprechen versuchen.[143]

Weitere wichtige Ansatzpunkte zum Tätigwerden in puncto Emotionen sind letztlich die gleichen wie bei den Normalitätsvorstellungen. Dass Menschen zum Beispiel den Klimawandel gerne verdrängen möchten und ihn vom Bauch her wegen seiner Komplexität und vermeintlichen Ferne nicht spontan wichtig finden, wird sich wohl kaum ändern lassen. Doch wenn man genau dieses Problem versteht, kann man sich selbst Brücken zu bauen versuchen, indem man sich Bündnispartner sucht, mit anderen diskutiert, Allianzen schmiedet, sich Vorbilder sucht und andere Lebens- und Wirtschaftsweisen im persönlichen Rahmen ausprobiert. Die Politik kann der Verdrängungsneigung zwar kaum an sich begegnen, aber sie kann sie konterkarieren, wenn etwa Energie gezielt teurer gemacht und die Relevanz dieses Faktors damit alltäglich stärker sichtbar wird; auch aus Experimenten ist geläufig, dass das Erzwingen aktiver Entscheidungen Verdrängungsprozesse durchbricht.[144] Und wie schon bei Werthaltungen und eben bei Normalitätsvorstellungen gesagt: Man kann die Gefühle durch eine positive Vision oder »Geschichte« ansprechen, die es mit den vermeintlichen Verlockungen der Konsumgesellschaft aufnehmen kann.[145] Der Wandel zur Nachhaltigkeit könnte Glückspotenziale haben (Kapitel 28 – 29); und auch der gemeinsame Kampf für eine bessere Welt als solcher kann Spaß machen, verstärkt zum Beispiel durch kreative Formen des Protests.

Allerdings ist dies nicht leicht zu realisieren, weil der Massenkonsum weit unmittelbarer diverse andere menschliche Motive anspricht als das Maßhalten und dessen »Erfolge«. Dass Menschen sich bei Kriegen in eine kollektive Massenhysterie hineinsteigern oder sich auf gemeinsame Sündenböcke einschießen können, bedeutet eben nicht, dass sie ungleich abstraktere und komplexere Ziele wie Nachhaltigkeit automatisch mit gleicher Verve verfolgen. Schwierig ist selbst bei prinzipiell veränderungsbereiten Gruppen zudem, dass sie häufig Mechanismen der Selbstzensur und eine gewisse Kritikaversion entwickeln, sich also eine neue orthodoxe Binnenwelt errichten[146], die eher keine Anschlussfähigkeit für einen großen gemeinsamen Veränderungsprozess bietet. Teile der Postwachstumsbewegung und die marxistische Kapitalismuskritik sind dafür Beispiele. Das lässt sich teils wohl historisch erklären. Wie jede alternative Bewegung – und übrigens auch der Marxismus – sind Umweltschützer und Postwachstumsfans letztlich vom Kontroverse-Muster der verschiedenen protestantischen Gruppierungen in der frühen Neuzeit beeinflusst. Die fanden den Streit um die reine Lehre mitunter wichtiger, als gemeinsam die katholische Kirche und die Fürsten in ihre Schranken zu weisen. Immer noch genial karikiert findet sich dies im Film »Das Leben des Brian« von Monty Python aus den wilden 1970er Jahren, in dem die revolutionären Splittergruppen Judäische Volksfront und Volksfront von Judäa im Clinch liegen.

Wenn all die skizzierten Schritte bisher zu wenig in die Tat umgesetzt werden, liegt das nicht zuletzt daran, dass es eben nicht reicht, wenn ich als Einzelperson diesen oder jenen Schritt gehe. Viele andere müssen dies ebenfalls tun, was viel schwieriger ist, als wenn nur ich persönlich meine Mobilität, mein Heizverhalten und meine Ernährungsweise ändern wollen würde. Die Schritte bei den vielen einzelnen Bürgern, Unternehmen, Wissenschaftlern, Lobbyisten sind leider auch viel weniger planbar als politische Maßnahmen, die per se darin bestehen, dass allgemeine Vorgaben gemacht werden und gerade nicht nur eine Einzelperson für sich selbst etwas ändert. Und außerdem sind die beteiligten Politiker, Unternehmer, Bürgerinnen, Verbandsvertreter und weiteren Beteiligten eben in Teufelskreisen miteinander verbunden, die sie wechselseitig blockieren.

Alles Gesagte gilt wie bekannt keineswegs nur für Nachhaltigkeitsfragen oder überhaupt für politische Themen. Auch wenn ich mein alltägliches Leben in irgendeiner anderen Hinsicht ändern möchte, muss ich Pfadabhängigkeiten aktiv angehen, neue Eigennutzenkalküle anstellen, meine Normalitätsvorstellungen durch die genannten Ansatzpunkte überlisten und so weiter. Entgegen einem entsprechenden Vorschlag[147] ist es ferner nicht sinnvoll, Faktoren wie geänderte Zeitvorstellungen, geänderte Märkte, neue Technologien oder geänderte Infrastrukturen als Faktoren des Wandels gesondert anzuführen. Sie sind als Elemente von Wissen, von Normalitätsvorstellungen und von geänderten Eigennutzenkalkülen erfasst, denn sie existieren ja nicht als von Menschen unabhängige Entitäten.

24

Falsche Alternativen: »Politik, Konsumenten, Unternehmen oder Bildung als Retter?« Wie viel Einhegung der Kapitalismus wirklich braucht

Damit wird zugleich eine Konzeption nötig, die politische Maßnahmen etwa bei Nachhaltigkeit (aber ebenso bei anderen Politikzielen, sofern diese nicht stark mit bürgerlichen Eigennutzenkalkülen harmonieren) fördern kann. Das setzt vorab eine Klärung voraus, welche Fortschritte durch Aktivitäten aus der Gesellschaft und aus den Unternehmen heraus ohne politisch-rechtliche Vorgaben möglich erscheinen. So entsteht en passant eine generelle Theorie darüber, welche regulatorische Einhegung »der« Kapitalismus – insbesondere, aber nicht nur – in puncto Nachhaltigkeit erfordert. Man könnte etwa fragen: Ist die Nachhaltigkeitswende nicht einfach eine Frage von mehr Nachhaltigkeitsbildung in Schulen, Universitäten, Volkshochschulen, Betrieben? Gemeint sein kann damit eine verstärkte Vermittlung von Wissen, aber auch von Werten in puncto Nachhaltigkeit.

Im Hintergrund steht dabei wieder die aus der Kapitalismuskritik bekannte Kontroverse: »Der Mensch ist eigennützig, das ist von Geburt an unveränderlich, und gerade das führt zu guten Ergebnissen« versus »Der Mensch wird erst durch die Gesellschaft eigennützig gemacht, wir brauchen daher den neu erzogenen Menschen und den Bruch mit dem alten Adam, alles ist sozial erworben«. Letztlich wiederholt sich seit Jahrhunderten in Wellenbewegungen eine ursprünglich von den Philosophen Thomas Hobbes und Jean-Jacques Rousseau aufgebaute Grundkontroverse der frühen Neuzeit. War für viele in den antiautoritär-bildungsoptimistischen 1970er Jahren Rousseau en vogue, ist es seit der politischen Wende hin zu neo- oder vielmehr wirtschaftsliberalen Ideen eher der Theoretiker des Eigennutzens, Hobbes. Wie wir bereits sahen, muss hier ein differenzierter Mittelweg beschritten werden (Kapitel 20).

Trotz aller begrenzten Relevanz von Wissen und Werten und trotz des begrenzten menschlichen Altruismus kann Bildung an diesen Punkten ansetzen, ferner noch beim Aufzeigen, dass Nachhaltigkeit oft schon den kurzfristigen Eigennutzen befördern kann. Nicht allzu sehr hoffen sollte man indes darauf, dass Bildung durch klassische pädagogische Maßnahmen Blockaden bei Gefühlen, Normalitätsvorstellungen oder dem längerfristigen Eigennutzen durchbrechen könnte. Wie beispielsweise sollte man beim Klimawandel so vorgehen, dass man Menschen über »sichtbare Erfolge« ihrer persönlichen Anstrengungen für etwas begeistert? Ein ganz persönlich durch mich »erfolgreich geschütztes« Stückchen Globalklima kann man sich wohl kaum vorstellen. All das gilt umso mehr angesichts einer drastischen Herausforderung wie des nötigen Vollausstiegs aus den fossilen Brennstoffen in wenigen Jahren.

Zutreffend ist demgegenüber natürlich, dass jedweder Wandel bei Eigennutzenkalkülen, Werten, Normalitätsvorstellungen et cetera künftig im Prozess der Sozialisation junger Menschen vermittelt werden müsste. Das reicht jedoch weit über das Bildungssystem hinaus; und es betrifft gleichermaßen ältere Menschen, allein schon deshalb, weil in deren Welt die Jungen hineinsozialisiert werden und deren Tun weit einflussreicher ist als ihre womöglich wohlklingenden pädagogischen Reden.

Der nächste Blick geht darauf, inwieweit eine freiwillige Nachhaltigkeitswende im erforderlichen Ausmaß (man denke wieder an die Temperaturgrenzen von 1,5 – 1,8 Grad aus dem Pariser Klima-Abkommen) allein oder vorrangig aus der Eigeninitiative von Zivilgesellschaft, Konsumenten und Unternehmen zu erwarten ist. Unstreitig ist zunächst einmal, dass unternehmerische, zivilgesellschaftliche und private Nachhaltigkeitsentwicklungen allerorten anzutreffen sind und das erwähnte Wechselspiel vieler Akteure aufgrund ihrer wechselseitigen Beeinflussung unabdingbar ist. Ebenso wurden die Potenziale für Gerechtigkeit, Glück und zum Teil auch Eigennutzen schon konstatiert (Kapitel 4, 22).

Unternehmen können beim Nachhaltigkeitsthema teilweise betriebswirtschaftliche Vorteile erleben, also eine Förderung ihres Eigennutzens. Ebenso haben Konsumente eine Vielzahl persönlicher Handlungsoptionen, die mal Geld sparen, mal Glück befördern, in jedem Fall aber den Wunsch nach moralisch richtigem Handeln befriedigen können, wenn man an Optionen wie einen Verzicht auf Auto, Urlaubsflüge und viel tierische Nahrungsmittel denkt. Dass ein anderes Verhalten (und die Wahl anderer technischer Optionen) bei Ernährung, Mobilität und so weiter – und ein stärkeres politisches Engagement für mehr Nachhaltigkeit – sehr hilfreich für die Nachhaltigkeit wären, liegt auf der Hand. Die Frage ist jedoch, wie weit eine Fokussierung in dieser Richtung tatsächlich trägt.

Allein oder vor allem auf solche freiwilligen Handlungen auf Bürger- und Unternehmensseite zu hoffen, liegt im Rahmen einer allgemeinen Tendenz zum freien Wettbewerb[148] sowie der gewissermaßen konsumentendemokratischen Vorstellung, die Bürger selbst über das gewünschte Maß etwa an Umweltschutz per Kaufentscheidung »abstimmen« zu lassen. Doch die Hoffnung auf freiwilliges Tätigwerden der Einzelnen und der Unternehmen ersetzt gerade beim Thema Nachhaltigkeit nicht die ergänzende regulatorische Einhegung des individuellen und unternehmerischen Handelns. Denn für ein bloßes Hoffen auf Freiwilligkeit sind die konkreten Motivationsfaktoren gegen die Nachhaltigkeit zu stark, wie wir im Verlauf dieses Buches ausführlich sahen. Dass klare, für alle Menschen geltende Vorgaben hilfreich sind, zeigt besonders das Kollektivgutproblem, welches ein Tätigwerden des Einzelnen schwieriger macht als ein kollektives, durch politisch-rechtliche Vorgaben in eine gemeinsame Richtung gesteuertes Handeln.

Bei Unternehmen ist in puncto Eigennutzenkalküle besonders gravierend, dass diese sich am Markt behaupten müssen und ein freiwilliges Engagement – sofern es einen großen Umfang annimmt – daran scheitern kann, dass dem Unternehmen dann die Pleite droht. Wahrscheinlicher ist deshalb häufig, dass Unternehmen aus kurzfristiger betriebswirtschaftlicher Kostenersparnis heraus Nachhaltigkeitsstandards absenken und gegebenenfalls ein Wettlauf um die niedrigsten Standards auf transnationaler Ebene einsetzt, zumal Unternehmen häufig mit Standortverlagerung in einen anderen Staat drohen können.[149] Natürlich möchte ein Unternehmen wegen seines Rufs große Chemieunfälle mit Haftungsfolgen und negativer öffentlicher Aufmerksamkeit verhindern. Ob dem Globalklima geschadet wird, kommt demgegenüber weniger in den Blick, zumal künftige Generationen am Markt mangels Kaufkraft keine Stimme haben. Zudem sind komplexe Wertschöpfungsketten für alle Beteiligten schwer zu überblicken, und die Vielfalt an möglichen Informationen kann unüberschaubar werden.

Setzt man auf Unternehmensverantwortung und Konsumentendemokratie, so beinhaltet das letztlich die problematische Kernvorstellung, dass Unternehmen und Konsumenten ihren Konsum-, Produktions- und Wachstumsstil im Kern unverändert fortsetzen könnten. Die einzige Maßgabe ist, dass die einzelnen Produkte dabei in ihrer Ressourcen- beziehungsweise Umweltbilanz sukzessive besser werden müssten. Denn der Antrieb, auf den hier gesetzt wird, ist ja das Interesse daran, dass mehr Produkte und mehr Dienstleistungen gekauft und verkauft werden. Doch wie gezeigt genügt dieser technische Wachstumspfad zur Nachhaltigkeit allein nicht. Technisch smarter Fliegen und Autofahren – und gleichzeitig davon immer mehr – ist schlicht zu wenig.

Ferner ist zweifelhaft, wie das eigentliche und nicht etwa nur gelegentliche Problem von Ethik und Recht, also die Abwägung der kollidierenden Freiheiten, auf der Ebene eines Verhaltensappells an einzelne Bürger und Unternehmen sinnvoll gelöst werden soll. Wenn etwa ein entschlossener Klimaschutz nicht nur marginale Änderungen, sondern ein Überdenken des gesamten westlichen Konsummodells fordern sollte: Was soll dann der Appell an das einzelne Unternehmen sein? Keine großen Autos mehr zu produzieren, sondern nur noch Fahrräder und einige wenige 1-Liter-Autos? Damit dann in Konkurs zu gehen und andere Unternehmen stattdessen die Autos produzieren zu lassen? Und wie viel muss ich als einzelner Konsument in Relation zu anderen beitragen? So etwas erfordert politische und nicht nur individuelle Entscheidungen.

Mit alledem wird die wesentliche Rolle von Unternehmen und Bürgern gerade nicht bestritten – solange sie in ein Wechselspiel mit

Steuerungsinstrumenten der öffentlichen Gewalten eingebunden sind. Ebenso wird in keiner Weise bestritten, dass unternehmerischer Wettbewerb nachhaltigkeitsbezogene positive Wirkungen aufweisen kann. Denn Wettbewerb erzeugt Kostendruck und kann damit zu einer effizienteren Energie- und Ressourcenverwendung anhalten – und dabei den Unternehmen und Verbrauchern trotzdem große Freiheitsspielräume belassen. Doch stößt Wettbewerb an Grenzen. Er kann zum Beispiel durch Preisdruck für eine ressourcensparende Stromerzeugung sorgen. Aber er kann, da in Märkten naturgemäß jeder möglichst viel absetzen will, nicht den Energie- und Stoffverbrauch insgesamt senken. Denn Wettbewerb beispielsweise im Strommarkt macht zwar die Energieerzeugung effizienter. Zugleich macht Wettbewerb durch den Kostendruck auf die Energieerzeuger die Energie aber billiger – was den Mehrverbrauch fördert.

Erst recht überschätzt wird mitunter die Rolle von Medien und Lobbyisten, wiewohl auch sie natürlich am Wechselspiel der Akteure und damit am Gelingen oder Scheitern von Wandel beteiligt sind. Unter den Bedingungen einer offenen Gesellschaft haben Lobbyisten und Medien, da sie auf Resonanz bei ihrer jeweiligen Kundschaft angewiesen sind, hauptsächlich dann Einfluss, wenn sie an die ohnehin vorhandenen Eigennutzenkalküle, Normalitätsvorstellungen, Gefühle et cetera großer Bevölkerungsgruppen anknüpfen können. Damit ist man aber wieder bei uns allen. Dass es demgegenüber nicht nur wenig freiheitlich, sondern auch ökologisch wenig effektiv wäre, auf eine Art »Propaganda« zu hoffen, kann man in der Sozialismus-Geschichte selbst für den extremen Fall, dass totalitäre Machtmittel zur Verfügung stehen, beobachten. Die Menschen lassen sich selbst unter solchen Bedingungen eben nur Dinge einreden, für die ein gewisser Resonanzraum schon vorhanden ist. Das ist gerade bei Nachhaltigkeitsthemen – oder gar beim Wunsch nach einem neuen, altruistischen Menschentypus – nur sehr bedingt der Fall.

25

Nachhaltigkeitspolitik ohne Wachstumsdenken in einer globalisierten Welt – von der materiellen zur ideellen Wohlstandsgesellschaft

Wenn im Wechselspiel der Akteure für die Möglichkeit von Wandel die politisch-rechtlichen Instrumente eine wesentliche Rolle spielen, dann soll hier – wie andernorts wiederholt viel ausführlicher geschehen – zumindest ganz knapp skizziert werden, wie im Falle des Nachhaltigkeitsgedankens und besonders des Klimaschutzes eine wirksame Politik aussehen müsste.[150] Die bisherigen Umweltschutz-Ansätze versuchen in aller Regel, einzelne Produkte, Anlage oder Tätigkeiten zu regulieren. Das geschieht, indem zum Beispiel Ge- oder Verbote ausgesprochen werden, etwa Anforderungen an Emissionsgrenzwerte für Autos.

Dabei tritt erstens das Problem auf, dass die Vorgaben bislang nicht ansatzweise reichen, um zentrale Politikziele wie die 1,5 – 1,8-Grad-Erwärmungsgrenze im Pariser Klimaabkommen, den Stopp der Degradierung der Ökosysteme und der Böden, die Stabilisierung der Stickstoffkreisläufe und so weiter einzuhalten. Die wie erwähnt einen kurzfristigen Vollausstieg aus der fossilen Brennstoffnutzung und einen stärkeren Rückzug aus der Fläche implizieren (Kapitel 5, 6).

Zweitens werden viele Vorgaben nicht konsequent umgesetzt. Sie stehen also mehr auf dem Papier. Das gilt keineswegs nur in tatsächlichen oder vermeintlichen Bananenrepubliken, sondern auch in Ländern wie Deutschland.

Drittens haben solche Ansätze den strukturell unbehebbaren Nachteil, dass sie ungeplante Verlagerungseffekte von Umweltproblemen in andere Länder und gegebenenfalls andere Sektoren auslösen können. So werden durch wärmegedämmte Häuser in der EU vielleicht Heizkosten gespart, die dann in umso mehr klimaschädliche Urlaubsflüge investiert werden. Und wird in der EU der Einsatz des erdölhaltigen Mineraldüngers gedrosselt, könnte dies zu einem umso intensiveren Landbau außerhalb der EU führen (von wo wir dann unser Essen importieren) – oder zu einem massiven Einsatz der nicht mit einer kleinbäuerlichen Landwirtschaft als Lösungsansatz für diverse Umweltprobleme kompatiblen grünen Gentechnik.

Viertens ist das essentielle Problem für die ökologische Belastung und mehr noch für das Ressourcenproblem weniger das einzelne Auto oder die einzelne Düngung, sondern die Kumulation der vielen Vorgänge. Es nützt nichts, wenn etwa das einzelne Auto effizienter wird, dafür aber mehr und leistungsfähigere Autos fahren (Rebound-Effekt).

Will man wirksamere Politikinstrumente finden, liegt ein zentraler Anknüpfungspunkt beim Kernfaktor diverser Umweltprobleme, nämlich bei den fossilen Brennstoffen. Weil diese insbesondere über den Dünger zugleich der zentrale Treiber der modernen Landwirtschaft sind, kommen neben dem Klima hier auch Biodiversitätsverluste, gestörte Stickstoffkreisläufe oder Bodendegradation ins Spiel. Würde man diese Brennstoffe in sämtlichen Sektoren (also auch Verkehr, Wärme, Landwirtschaft) mit einer an der genannten Temperaturgrenze des Pariser Klimaabkommens orientierten, schrittweise bis 2027/2038 auf null abzusenkenden Mengenbegrenzung (Cap) weltweit oder wenigstens in der EU aus dem Markt nehmen, hätte dies weitreichende Folgen.[151]

Erneuerbare Energien, Energieeffizienz und Suffizienz würden die fossilen Brennstoffe bei Strom, Wärme und Mobilität ersetzen. Denn fossile Brennstoffe wären schlicht in immer geringeren Mengen und schließlich 2027/2038 gar nicht mehr am Markt zu haben – und solange noch Brennstoffe verbleiben, würde die Knappheit sie schrittweise drastisch verteuern. Die konventionelle Landwirtschaft würde sich schrittweise in Richtung Ökolandbau entwickeln. Ferner würde allein dies schon speziell die Produktion tierischer Lebensmittel unattraktiver machen respektive die tierische Nahrungsmittelerzeugung aus sehr viel treibhausgasärmerer Weidewirtschaft gefördert mit der Konsequenz dann geringerer Produktionsmengen und geringerer Wegwerfraten.[152] Das Ganze wäre eine drastische Reform des bisherigen verkorksten EU-Emissionshandels, der nur einzelne Sektoren abbildet, letztlich vor allem den Strom, und zudem kein mit den Paris-Zielen auch nur ansatzweise vereinbares Cap hat.

Nicht-klimabezogene Folgen der konventionellen Landwirtschaft wie Biodiversitätsverluste, Bodendegradation, Gewässerbelastungen und gestörte Stickstoffkreisläufe werden mit einem Ausstieg aus den fossilen Brennstoffen ebenfalls adressiert. Denn so wird der Stickstoff-Mineraldünger schrittweise aus dem Markt genommen und durch die darin liegende Förderung des Ökolandbaus sowie die Zurückdrängung großer Maschinen ein Übergang zu einer kleinräumigen Landwirtschaft angereizt. Der Ansatz würde ferner Krankheitsfälle (und damit zugleich Gesundheitskosten) aufgrund von Luftschadstoffen reduzieren.[153] Nicht allein der Eigennutzen würde mit alledem angesprochen, sondern zum Beispiel auch Normalitätsvorstellungen, wie bereits deutlich wurde (Kapitel 23).

Gleichzeitig wurde andernorts thematisiert, dass der Ansatz bei den fossilen Brennstoffen nicht alle Treibhausgase anvisiert. Zwar verteuert der hier entwickelte Vorschlag Mineraldünger massiv und trifft damit gerade die Produktion tierischer Nahrungsmittel, die den Kern diverser Umweltprobleme ausmacht. Macht man es jedoch allein so, könnte das den gewünschten Rückgang der Flächennutzung wegen (in Ermangelung des Mineraldüngers) sinkender Erträge und einer daraus resultierenden Nutzung zusätzlicher Flächen teilweise konterkarieren. Viehbestände als solche könnte man zwar zusätzlich zu den fossilen Brennstoffen auch noch in einen Emissionshandel integrieren, doch dies beseitigt die eben genannte Problematik nicht vollständig. Der deshalb nötige weitere Ergänzungsansatz[154] sollte erneut eine leicht fassbare Steuerungsgröße adressieren. Man könnte dafür über Steuern die Landwirtschaft als solche stärker bepreisen. Damit reduziert man über die fossilen Brennstoffe hinaus deren Emissionen und verringert zugleich den Drang in die Fläche, bringt also den Klimaschutz sowie den sonstigen Umweltschutz auch jenseits der fossilen Brennstoffe voran. Gestaltet man die Steuer progressiv, fördert man noch etwas stärker die kleinbäuerliche Landwirtschaft und – im Zusammenwirken mit der Brennstoffbesteuerung – den Ökolandbau, was der Lösung der diversen Umweltprobleme noch etwas stärker entgegenkommt.

Wichtig ist, dass man Importen die zusätzlichen Kosten der Energie- und Landwirtschafts-Bepreisung als Ökozölle ebenfalls auferlegt – und sie Exportprodukten ganz oder teilweise erlässt. Mit solchen sogenannten Border Adjustments werden Produktionsverlagerungen etwa bei der Stahlindustrie oder bei Futtermitteln nach außerhalb Europas vermieden oder rückgängig gemacht. Zugleich setzt man so einen Veränderungsanreiz außerhalb der an dem Ansatz beteiligten Länder und schließt Wettbewerbsnachteile für europäische Unternehmen aus. Entwicklungsländer, die sich dem EU-System anschließen, könnten die Einnahmen des Systems aus der Versteigerung der Emissionsberechtigungen erhalten, um Armutsbekämpfung und einen besseren technischen Umweltschutz finanziell zu ermöglichen. Aus Platzgründen wird hier nicht erörtert, welche weiteren Ergänzungen nötig sind. Der wesentliche Veränderungsanreiz würde durch das Geschilderte ausgelöst. Diverse Produktverbote etwa von Geländewagen und weiteren Luxusgütern, die immer wieder vorgeschlagen werden, wären daneben beispielsweise nicht mehr nötig.

Offenkundig unterscheidet sich ein solcher Ansatz massiv von dem, was die Politik in Nachhaltigkeitsfragen bislang real unternimmt. Nämlich ziemlich wenig. Warum das so ist, erklärt das vorliegende Buch ausführlich – ebenso auch, dass alle relevanten Akteure sich dafür gegenseitig die Schuld zuschieben. Ein Zaubermittel, wie man jenseits des in Kapitel 23 beschriebenen Wechselspiels und Anknüpfens an verschiedene motivationale Faktoren da herauskommt, gibt es nicht. Da helfen alle markigen Worte wenig.

26

Salamitaktik statt Revolution: Menschen sind lernfähig, allerdings weniger, als optimistische Pädagogen meinen

Ob der gesellschaftliche Wandel, gemessen an den riesenhaften Herausforderungen der Nachhaltigkeit, rasch genug in Gang kommt, ist in der beschriebenen Abwesenheit einer simplen Zauberformel unklar. Schon beim individuellen Wandel merken wir häufig, dass er ziemlich lange braucht, wenn er denn überhaupt gelingt. Etwa wenn man mit dem Rauchen aufhören oder sich das morgendliche Joggen angewöhnen möchte. Häufig bricht an dieser Stelle eine Diskussion aus, ob kleine Schritte oder eher weitgehende Forderungen zum Ziel führen. Doch diese Entgegensetzung erscheint wenig weiterführend. Gesellschaftlicher Wandel läuft meist eher in kleinen Schritten ab, aber auch Brüche ereignen sich immer wieder – und neue normative Werte und Leitbilder sowie weitreichende Forderungen können durchaus Wirkung erzielen. Richtige Revolutionen gibt es indes selten. Und auch für evolutionäres Lernen sind, wie gesehen, die zu überwindenden Hindernisse zahlreich. Noch viel aussichtsloser wäre es freilich, im Stil von Mao auf einen neuen Menschentypus zu hoffen, der sich auf eine permanente Revolution einlässt oder gar freut. Dafür ist der Mensch nach allem, was wir hier über menschliche Motivation erwogen haben, nicht gemacht.

Dass kleine Schritte ebenso nicht unterschätzt werden sollten (in die richtige oder auch in die falsche Richtung), illustriert eine Geschichte, die ich gerne erzähle. Lege ich auf meiner Geburtstagsparty ein Stück Käse aufs Buffet, bleibt es liegen. Schneide ich es aber in Würfel, wird alles aufgegessen. Obwohl der Käse genau derselbe ist. Bequemlichkeit erklärt dies zum Teil. Aber nicht nur das: An sich weiß im Wellness-Zeitalter jeder, dass größere Mengen cholesterinhaltiger Lebensmittel am späten Abend nicht gerade gesund sind. Doch die Grenze zwischen »dick werden«/»nicht dick werden« verschwimmt durch Häppchen. Einer solchen Salamitaktik[155] des Schrittchen-für-Schrittchen halten auch gute Vorsätze kaum stand, wie oben bereits bei der Verdrängung kognitiver Dissonanzen und generell schleichender Veränderungen angesprochen wurde. Muss man sich dagegen für einen »großen Schritt« entscheiden, und sei es nur das Abschneiden einer Käsescheibe, kann man sich offenbar schlechter selbst vormachen, man tue ja gar nichts und esse eigentlich gar nichts (»nur das kleine Stückchen Käse noch«). Salamitaktik verschleiert also Brüche zwischen Denken und Handeln – aber auch zwischen einem Handeln X und einem gegensätzlichen Handeln Y.

Dementsprechend eignet sich die Salamitaktik in gewisser Weise für Politiker und Unternehmen, um Reformen auf den Weg zu bringen – trotz aller menschlichen Neigung, am Gewohnten sowie an gewachsenen Normalitätsvorstellungen festzuhalten und Veränderungen unbequem zu finden. Man sieht hier erneut, warum zum Beispiel die steigenden Preise für fossile Brennstoffe schrittweise etabliert werden müssen. Die menschliche Neigung zum Gewohnten, zum Bequemen und zu Normalitätsvorstellungen ist manchmal durchaus hilfreich; so müssen wir nicht vor jedem Handgriff erst Grundsatzanalysen anstellen. Große Reformen wie die Energie- und Klimawende können so aber auch gebremst werden, trotz klarer Einsichten in den dringenden und höchst eiligen Handlungsbedarf. Denn bei den vielen scheinbar so kleinen klimaschädlichen Handlungen fällt der Widerspruch zu den »richtigen Einsichten« kaum auf und die Grenzziehung der falschen zu den »richtigen Handlungen« nicht leicht. Insofern ist offen, ob die Energie- und Klimawende rechtzeitig in Gang kommt oder ob Dennis Meadows mit seinen Prognosen von 1972 im Grundsatz Recht behält. Die besagten, dass früher oder später ein gewaltsames Kollabieren des heutigen industriestaatlichen Lebens- und Wirtschaftsmodells zu erwarten ist, entweder durch Kriege oder Ressourcenmangel oder Nahrungsmangel oder Umweltzerstörung, die er tatsächlich unterschätzt hat, so wie er umgekehrt auch die technischen Möglichkeiten unterschätzt hat.[156]

Dabei ist nicht zu verkennen, dass wir aktuell mit erschwerenden kulturellen Entwicklungsprozessen konfrontiert sind, die die menschliche Trägheit eher noch steigern. Die ohnehin in der menschlichen Emotionalität angelegte Neigung zu einfachen Wahrheiten, Sündenböcken und unterkomplexem Denken wird durch eine pluralistische, multioptionale, globalisierte und digitalisierte Welt noch einmal gesteigert. Selbst alte Intellektuelle wie Jürgen Habermas verschwinden zunehmend aus den Feuilletons, geschweige denn, dass sie noch gesellschaftliche Debatten auslösen könnten; neue wachsen kaum noch nach. Auch wer sich auf die neue Welt einstellt und sich etwa aufs Twittern verlegt, merkt schnell, dass selbst bei Tausenden Followern die eigene Wirkung minimal erscheint im Vergleich zu Reality-TV-Stars mit weit mehr Followern, von denen einer jetzt gar zum US-Präsidenten gewählt wurde. Die Zeiten für komplexe Analysen waren noch nie wirklich gut, und auch die freiheitliche Demokratie war immer prekär; gegenwärtig verschärft sich das aber eher noch.

Fatalismus wäre dennoch eine wenig berauschende Option, auch wenn es kein einfaches Patentrezept für gesellschaftlichen Wandel gibt und nicht sicher vorhergesagt werden kann, ob wir letztendlich Erfolg haben werden. Denn die oben genannten Ansatzpunkte für Veränderung zeigen auf, dass einiges möglich ist. Nicht hilfreich ist an dieser Stelle dagegen eine Henne-Ei-Diskussion darüber, ob denn nun eher die Politik oder wir alle oder die Unternehmen oder noch jemand anderer der entscheidende Akteur ist, »der anfangen muss«. Teufelskreise können nur so überwunden werden, dass alle Akteure sich bewegen – vorwärts, in vielen kleinen Schritten. Hält man dies für undenkbar, so sollte man dies wenigstens offen einräumen. Denn jene Wahrhaftigkeit könnte einen Schock auslösen, unter dessen Wirkung sich die Handlungsbereitschaft aller Beteiligten vielleicht steigert.

27

Perspektiven für die Bewältigung der Folgen einer wachstumslosen Welt?

Wie bereits festgestellt wurde, würde ein Wandel hin zu ernsthafter Nachhaltigkeit, weil sie teilweise Suffizienz bewirken müsste, zugleich Strategien für den Umgang mit einer Welt ohne Wachstum beziehungsweise sogar mit Schrumpfungsprozessen erfordern. Viel gedanklicher Aufwand dazu bleibt nötig. Indes wäre ein Ende des Wachstums aus einer Reihe von Gründen nicht zwangsläufig so fatal, wie dies oft vermutet wird. Dass die Folgeprobleme von Postwachstum und erst recht der Übergang dorthin schwierig sind, heißt nicht, dass jene Probleme unlösbar wären. Andere Prozesse wie der demographische Wandel und die fortlaufende technische Rationalisierung zwingen ebenso zu Reformen etwa bei der Rente, beim Staatshaushalt und beim Arbeitsmarkt. Nationalstaatliche Politik ist dabei in Zeiten der Globalisierung zunehmend machtlos. Das macht dann freilich ein nationales Vorgehen sehr schwierig. Analog zur Nachhaltigkeitspolitik müsste deshalb auch bei den abfedernden Maßnahmen für eine Abkehr von der Wachstumsgesellschaft über den Nationalstaat hinaus gedacht werden.

Was dabei Mut macht: Globale Wachstumsraten sagen zum Beispiel nichts über die faktische Wohlstandsverteilung aus[157]: Einige können immer reicher werden, und die, die Wachstum am nötigsten brauchen, treten auf der Stelle oder werden sogar ärmer. Aktuell gilt zudem: Die Staaten weltweit befinden sich in einem Wettlauf um Unternehmensansiedlungen; zum Opfer fallen dem ein vermeintlich »teurer« Klimaschutz, aber womöglich auch unsere Sozialstaatlichkeit und die Armutsbekämpfung im Süden – als vermeintlich wirtschaftsschädigende Kostenfaktoren. Die Chance, dass Wachstum den breiten Massen nützt, und sei es auch nur kurzfristig und materiell, schrumpft damit weiter. Auch sonst blendet das bisher herrschende Wachstumsdogma vieles aus.

Was ebenfalls Mut macht: Historisch ist eine Wachstumsgesellschaft ein Sonderfall, gebunden an die massenhaft vor rund 200 Jahren einsetzende Nutzung der fossilen Brennstoffe. Durch die ganze Menschheitsgeschichte bis Ende des 18. Jahrhunderts gab es im Wesentlichen nur stationäre, also nicht wachsende Ökonomien. Auch in der klassischen Ökonomik, etwa bei John Stuart Mill, aber teilweise auch bei Adam Smith, Max Weber oder Karl Marx, wird deshalb nicht per se von ewigem Wachstum ausgegangen.[158] Zudem hat die Menschheit im fossilen Zeitalter ein technisches Wissen aufgebaut, welches es ermöglichen dürfte, wesentliche Errungenschaften dieses Zeitalters gleichwohl zu bewahren beziehungsweise allererst weltweit zu etablieren. Allerdings haben fossile Brennstoffe die Lösung von Verteilungsfragen – durch Wachstum – erleichtert und damit autoritäre Regierungsformen im Interesse einiger Reicher tatsächlich zurückgedrängt, wenngleich das großenteils auf okzidentale Gesellschaften beschränkt blieb; gleichwohl ist dies nur ein Teil der Geschichte, denn Reichtum und fossile Brennstoffe sind nicht die Hauptursachen der liberalen sozialstaatlichen Demokratie. Materielles Wohlstandsstreben ist auch Teil der Ursachen für kriegerische Konflikte, weswegen das Angehen der Nachhaltigkeitsproblematik einschließlich der Postwachstumsfolgen auch andere menschliche Probleme einer Lösung näher bringen könnte.

Noch gar nicht bedacht wird in der Debatte bislang Folgendes: Wenn es denn gelingen sollte, den Ressourcenverbrauch, Treibhausgasausstoß und so weiter auf ein dauerhaft und global praktizierbares Maß zu senken, dann könnte, bezogen auf den dann erreichten Zustand, zeitweise wieder konventionelles Wachstum möglich sein, solange es dann durch eine weiter steigende Effizienz ausgeglichen wird. Allerdings könnte die ewige Effizienzsteigerung entgegen den Wunschwelten der meisten Ökonomen technisch immer mehr an Grenzen stoßen.

Es soll nochmals klar betont werden, dass Alternativkonzepte für Endzustand und Übergang dorthin für die gesellschaftlichen Bereiche, die vom Wachstum bislang abhängen, nicht in ausgearbeiteter Form existieren. Trotzdem wird eine nicht nur – wie von mir vorgeschlagen – ökologisch hingenommene, sondern gar bewusst angestrebte Schrumpfung (Degrowth) von einer kleinen Postwachstumsbewegung zunehmend gar als explizites Ziel ausgegeben. Diese Schrumpfungsvorstellung wird zum Teil gesteigert in Richtung expliziter – in vielfacher Hinsicht sowohl empirisch als auch in den latent autoritären normativen Implikationen hinterfragbarer – Autarkie-Ideen.[159] Die Bewegung steht dabei teilweise (eher unwissentlich) in der Tradition zivilisationskritischer Strömungen, wie es sie von den antiken Apokalyptikern über die frühneuzeitlichen Wiedertäufer, die Wandervogelbewegung Anfang des 20. Jahrhunderts oder die 1968er-Bewegung immer wieder gibt.[160] Jedoch kann man eine bestimmte Glücksform nicht normativ vorgeben (Kapitel 22).

Empirisch nicht durch das Ausmaß der nötigen Veränderung gedeckt ist auch die (etwa aus Gewerkschaftskreisen zu hörende) Hoffnung, man könne die Grenzen des Wachstums auf eine Verteilungsproblematik reduzieren und damit letztlich doch überwinden. Es geht kurz gesagt mit Suffizienz eben nicht nur darum, dass einige Superreiche ihr Leben ändern müssen[161]; und die normative Frage nach einer sozial gerechten Verteilung materieller Güter lässt sich weit weniger eindeutig beantworten, als dies oben für die Grundprinzipien gerechter Gesellschaften möglich war.

28

Macht Nachhaltigkeit glücklich, trotz wackeliger Glücksforschung? Oder: Ich will aber Fleisch und Urlaubsflüge

Speziell die Postwachstumsbewegung würde, jenseits des Pochens auf ein vermeintlich bestimmbares normativ richtiges Glück, freilich behaupten, dass Postwachstum und Nachhaltigkeit zumindest faktisch glücklich machen. Man kann auch allgemeiner fragen: Macht Wandel eigentlich glücklich? Wir sahen bereits, dass in der Welt weder per se alles besser noch per se alles schlechter wird (Kapitel 8). Ferner sahen wir, dass zu Nachhaltigkeit Suffizienz gehört – und dass die nicht per se alle Menschen glücklich macht (Kapitel 6 und 20). Doch wenn wir uns alle gemeinsam umstellen, wäre auch ein materielles Weniger für die Menschen in den Industriestaaten nicht zwangsläufig unangenehm fühlbar, sofern es eben alle betrifft und anders als in den Eurokrisenländern seit 2010 nicht als abrupter Verlust auftritt. Unter Umständen würden dann zumindest viele Menschen eine Art wünschenswerte Entrümpelung und Entschleunigung erleben.[162] Angesichts der vielen hinderlichen Faktoren – einschließlich des konstatierten und keineswegs per se glückswidrigen Strebens vieler nach einem Mehr gegenüber anderen Menschen – könnte es allerdings ziemlich schwierig werden, tatsächlich einen Prozess in diese Richtung auszulösen.

Und doch gibt es in Zukunft mehrere neue Aspekte, die die Glücksförderlichkeit einer Nachhaltigkeitswende verstärken dürften. Mögen bisherige Burnout-Befunde und überhaupt ein einseitiges Hoffen auf die glückliche Postwachstumsgesellschaft auch anzweifelbar sein, so muss man doch berücksichtigen, dass die Globalisierung und mit ihr der »Sachzwang« eines globalen Wettbewerbs immer größer werden dürften. Dies bewirkt dann irgendwann tatsächlich die befürchtete »Kolonialisierung« des vormals »privaten« Lebensumfeldes durch Arbeit und wirtschaftliche Gesichtspunkte.[163] Dass der Mensch als endliches Wesen hier einer unendlichen Aufwärtsspirale der Leistungsanforderungen folgen kann, ist trotz aller darin liegender Ambivalenzen zweifelhaft. Noch drastischer dürfte sich ein weiterer künftiger Aspekt auswirken, nämlich die sich anbahnenden gewaltsamen Konflikte um schwindende Ressourcen, Naturkatastrophen und ähnliche Klimawandelfolgen.

Bisher muss man freilich konstatieren, dass das gewohnte Leben ungeachtet all dessen scheinbar einfach weitergeht. Das Wissen darüber, dass mit weniger Klimagasen und Ressourcen gut zu leben wäre, dass der Wachstumshype historisch nur ein kurzer Moment der Menschheitsgeschichte sein dürfte, dass ein Solarzeitalter technisch möglich und sogar ökonomisch sinnvoll wäre, dass der Weltfrieden auf dem Spiel steht, dass auch die Gerechtigkeit uns zu alledem etwas sagt, bleibt trotz aller globalisierten Waren- und Informationsflüsse der modernen Welt immer noch zu sehr ein Randereignis neben dem großen Rauschen der vielen vermeintlichen großen und kleinen Wichtigkeiten. Und viele Menschen – ohne dass man das allein auf Kapitalismus, mangelnde Bildung oder eine schwere Kindheit schieben kann – haben eben offenkundig Spaß daran, in Urlaub zu fliegen, ein großes Stück Fleisch zu essen und so weiter.

Unsere Ausreden sind zahlreich. Sie sind allerdings im Großen und Ganzen nicht zu unserem eigenen langfristigen Vorteil, wenn man drastische Entwicklungen wie Klimakriege einbezieht. Und sie sind erst recht nicht zum Vorteil derer, die durch unsere Ausreden ihre Freiheits- und Existenzvoraussetzungen immer weitergehend einbüßen.

29

Glückliches Leben jenseits von Stagnation und Überbeschleunigung im digitalen, pluralistischen, globalisierten Zeitalter

Optimistisch gesprochen, heißt Glück unter den Bedingungen von Nachhaltigkeit vielleicht, die im letzten Punkt geschilderten glücksabträglichen Prozesse zu bremsen, die ansonsten Raum zu gewinnen drohen. Und die Entrümpelung positiv zu besetzen. Lernfähig sein, gesund sein, Zeit haben, sich weiterentwickeln. Der Sonnenschein, die Menschen, die Jahreszeiten, die Natur, die innere Ruhe können womöglich mehr Glück spenden, als sich selbst mit immer neuen Einkäufen für den Stress im eigenen Leben zu entschädigen. Das alles kann man so sehen. Die Realität in westlichen Gesellschaften und in den uns nacheifernden Bevölkerungsschichten weltweit ist allerdings, dass die Menschen das häufig nicht so sehen und Neigungen wie kurzfristiges Eigennutzenstreben, sich nur langsam wandelnde Normalitätsvorstellungen, Bequemlichkeit, Verdrängung sowie das menschliche Streben nach dem Mehr und nach Positionsgütern dem dauerhaft im Wege stehen werden. Sich Anerkennung statt durch Warenkonsum dadurch zu erarbeiten, dass man es schafft, über sich selbst hinauszuwachsen und das zu leisten, was Menschen eigentlich gerade von Tieren unterscheidet, nämlich lernfähig zu sein, kann einige Menschen zutiefst erfüllen. Bei anderen dagegen wird das wohl nicht so einfach sein.

Unser neuzeitliches Problem in einer zunehmend »postreligiösen« Zeit, dass wir eines Tages sterben werden und dass wir unserem Leben selbst einen Sinn geben müssen, wird sich so oder so durch eine Postwachstumsorientierung genauso wenig lösen wie durch den Konsumismus, mögen sie manchem vielleicht auch als Sinngebung erscheinen. Letztlich müsste diesbezüglich vielleicht ein Missverständnis beseitigt werden, welches am Beginn des finalistischen Denkens der christlich-liberalen Tradition steht und welches eine umfassende Nachhaltigkeit unseres Denkens und Handelns womöglich noch heute blockiert. Die Auferstehungsgeschichte der Evangelien wird meist als Verheißung eines ewigen Lebens in einem Endzeitparadies, dem es entgegenzustreben gilt, gelesen. Und hieraus ist die verheerende ökonomisch-technische Vision ewigen Wachstums und Fortschritts geworden, die zu materiell paradiesischen Zuständen führen soll. Aber ist das »Besiegen des Todes« in den Evangelien vielleicht eher auf einen inneren Sachverhalt gemünzt? Vielleicht lautet die zentrale Botschaft des Neuen Testaments eher: Aus dem Tod entsteht neues Leben. Oder: In einem bestimmten, menschlich schwer zu fassenden Sinne gehen die Dinge am Ende doch gut aus. Nicht im Sinne eines physischen individuellen Weiterlebens in alle Ewigkeit – sondern als Erinnerung daran, dass Leben und Tod sich unauflöslich bedingen und die psychisch schwierigste Aufgabe des Menschen darin besteht, nicht vor der definitiven Endlichkeit seines Daseins davonzulaufen.

Mose betet nach der religiösen Überlieferung des Okzidents (Psalm 90, 12), deren abtrünniges Kind die liberale Demokratie ist: Herr, lehre mich, dass ich sterben muss, auf dass ich klug werde. Überhaupt war die alttestamentarische, jüdische Überlieferung noch weitgehend frei von der leicht egozentrischen Vorstellung, dem Einzelnen sei verheißen, als Individuum gewissermaßen Unsterblichkeit zu genießen und in ein »Paradies« einzuziehen. An die Stelle der Einsicht in die eigene Vergänglichkeit trat in der okzidentalen Kulturgeschichte schrittweise die Hoffnung auf ein ökonomisch-technisches Paradies auf Erden – in Ausblendung der wohl unausweichlichen Endlichkeit menschlicher Existenz. Über diese Dinge kann man nachdenken, ohne im traditionellen Sinne religiös sein zu müssen. Hier eine Kehrtwende zu vollziehen, erscheint dennoch nicht jedem glücksförderlich. Gott ist tot, würde dazu mancher lapidar im Gefolge Nietzsches sagen. Nur sind die Sinnfragen keineswegs gestorben. Und der ständige Wunsch nach immer weiteren Fernreisen sowie ein sich in Endlosschleife im Kreis drehendes Herumdaddeln mit diversen Endgeräten werden uns nicht retten. Wir werden selbst entscheiden müssen, was wir wollen.

Anmerkungen

Die nachstehend zitierten Texte geben zugleich eine Auswahl aus vielen weiteren Publikationen zu den behandelten Themen, und jene zitieren regelmäßig vielfältige andere Literatur. Für einen generellen Hinweis bezogen auf die Gesamtthematik dieses Buches, oft ausführlichere Behandlungen der hier diskutierten Fragen und weitere Literaturnachweise zu jenen Fragen siehe die erste Anmerkung. Das Kürzel »ff.« weist darauf hin, dass längere Abschnitte ab der zitierten Seite gemeint sind. Als letztes Aufrufdatum der Internetlinks gilt durchgängig der 29.12.2016.

1 Siehe für den an einer streng fachwissenschaftlichen Abhandlung der vorliegenden Themen und an ausführlicheren Literaturnachweisen interessierten Leser zu allen Bereichen Ekardt 2016. Dort finden sich auch ausführliche Literaturnachweise zum gesamten Buch.

2 Ausführlicher mit zahlreichen Nachweisen dazu Ekardt 2016, § 1 B.

3 Vergleiche etwa Schneidewind/Singer-Brodowski 2014; vieldiskutiert und umstritten ferner das Gutachten des WBGU 2011.

4 Dies gilt auch dann noch, wenn man meint, dass die Menschen heutzutage durch viele sehr subtile Mechanismen in Arbeit, Freizeit, Zweierbeziehungen, Gefühlen, Identität auf hintersinnige Weise determiniert seien wie noch nie, selbst wenn diese Determinierung gerade auch über vermeintliche Autonomie funktioniere. Diesbezüglich einseitig Schreiner 2015, S. 104 ff.; Gorz 2009, S. 7 ff.; Foucault 1973, S. 30 ff.; wie hier dagegen Fücks 2013, S. 73 ff.; Stengel 2011, S. 259.

5 Vergleiche Ulfkotte 2014, S. 114 ff.; Bussemer 2011.

6 Zur Debatte seitdem Giddens 1984, S. 51 ff.; Habermas 1981; Greve 2015, S. 9 ff.; Mead 1978, S. 187 ff.

7 Nachdrücklich dazu auch Greve 2015, S. 20, der auf S. 26 auch darauf hinweist, dass individuelle Handlungen ihren Sinn schon deshalb nicht allein aus »kollektiven Zuschreibungen« ziehen können, weil diese Zuschreibungen wieder Handlungen sind und damit ein infiniter Regress entsteht.

8 In der Intention ähnlich: Habermas 1981 (der dies dann als verschränkte Handlungs- und Gesellschaftstheorie expliziert); Giddens 1984, S. 51 ff.; Mead 1978, S. 187 ff.; letzt-

lich auch Greve 2015, S. 26 f., der dies dann jedoch »Individualismus« nennt und als Gegensatz den »Atomismus« sieht.

9 Vergleiche zum Folgenden Ekardt 2016, § 1 C.

10 Vorgerechnet ebenda, mit den IPCC-Daten.

11 Vergleiche dazu auch Schellnhuber 2015, S. 212 ff.; Berger 2009; Ekardt 2001, §§ 14, 18; Scheidler 2015, S. 19 ff.

12 Ausführlich zum Folgenden Ekardt 2016, § 1 B. III.

13 Jackson 2011; Paech 2012; Scheidler 2015, S. 205 ff.; Jensen/Scheub 2015, S. 13 ff.

14 Beispiele dafür (ohne die klare Unterscheidung zur gesamtwirtschaftlichen Entwicklung) bei Heyen/Fischer u. a. 2013, S. 18.

15 Folgerichtig gibt es schon heute Unternehmen, die sich bewusst gegen Wachstum entscheiden – und noch mehr Unternehmen, die ohne direkte Absicht ohne Wachstum existieren. Viele Beispiele finden sich bei IÖW 2015, S. 5 ff.

16 Für die Unwirtschaftlichkeit von Suffizienzoptionen in der Tat Jakob/Edenhofer 2014, S. 447 ff. Dort wird m. E. übersehen, dass der rein technische Weg nicht gangbar ist, wenn 95 % Emissionsreduktion beim Klima erreicht, die Verlagerung der Probleme in andere Länder revidiert und weitere Umweltprobleme (Biodiversität, Stickstoffkreislauf und so weiter) parallel gelöst werden sollen. Schief erscheint zudem, dass dort wohl unterstellt wird, es werde mehr Suffizienz in Ansatz gebracht, als zur Ergänzung der technischen Optionen nötig ist; analoge Probleme zeigen sich bei Fücks 2013, S. 69 ff.; zutreffend Stengel 2011, S. 163.

17 Beispielsweise Stern 2009, S. 11 oder S. 92; Paqué 2010, S. 72 ff.; Fücks 2013, S. 69 ff.; Sukhdev 2013, S. 209 ff.; zur Empirie des Wachstums über die Jahrzehnte und Jahrhunderte eingehend Piketty 2015, S. 105 ff.

18 Die technischen Möglichkeiten wurden zwar unterschätzt bei Meadows u. a. 1972, gleichzeitig wurde dort (u. a. in Unkenntnis des Klimawandels) aber die Umweltsituation deutlich zu günstig eingeschätzt; zutreffend dazu Klingholz 2014; einseitig die Auslassungen betonend Fücks 2013, S. 81 ff.; tatsächlich überholt hat sich die Skepsis von Malthus 1977, der grundlegend die technologische Dynamik verkannt hat.

19 Siehe etwa Enquête-Kommission 2013 (mit einer Darstellung diverser existierender Ansätze auf S. 302 ff.); Jakob/Edenhofer 2014.

20 Dazu jetzt eingehend Gordon 2016.

21 Deutlich angemerkt von Hey 2012, S. 125 ff.; Fücks 2013, S. 120 ff.; Herrmann 2015, S. 239 ff.; Klingholz 2014, S. 303 ff. – jeweils (gegebenenfalls außer Fücks) aus ökologischer und durchaus wachstumskritischer Perspektive.

22 Zu einigen der folgenden Punkte Ott 2011, S. 62 ff.; Fücks 2013, S. 120 ff.; Muraca 2015, S. 84 und passim; kurz Heyen/Fischer u. a. 2013, S. 18; eher angedeutet bei Schneidewind/Zahrnt 2013, S. 115 ff.

23 Exemplarisch für die unter Ökonomen verbreitet anzutreffende Vorgehensweise mit Experiment, Befragung, Planspiel und für die Zurückhaltung gegenüber interdisziplinären Perspektiven (pars pro toto) Mußhoff/Hirschauer 2011, S. 437 ff.; Buchholz/Peters/Ufert 2014, S. 326 ff.; kritisch dazu Schubert 2015 und Scheidler 2015, S. 106 ff.

24 Dazu Ekardt 2016, § 1 D. II.: Wobei jedoch das Kriterium für »beste« Erklärung abstrakt ähnlich schwierig zu formulieren ist wie das für »Korrespondenz« bei der Kor-

respondenztheorie der Wahrheit, so sehr die Möglichkeit objektiver Wahrheit auch logisch unhintergehbar ist (denn wer die Möglichkeit von Wahrheit bestreitet, kann auch für dieses Bestreiten per se keine Wahrheit in Anspruch nehmen).

25 Dies übergeht zum Beispiel Otto 2015, S. 145 ff., wenn er die mangelhafte Klimapolitik von US-Regierungen allein auf deren Zweifel am Vorliegen eines Klimawandels, also auf die subjektive Überformung von Wissen, zurückführt; unklar auch Hamann 2014, S. 142 ff.

26 In der Stoßrichtung treffend Meyer 2003, S. 149 ff.; Hamann 2014, S. 250 f.; Scheidler 2015, S. 106 ff. Auch alternative Umweltinstitute setzen explizit auf Experimente; siehe etwa http://wupperinst.org/unsere-forschung/forschung-fuer-den-wandel/; die Probleme bleiben unberücksichtigt bei Lang/Rode/von Wehrden 2014, S. 129 ff.

27 Zu aktuellen psychologischen Konzeptionsfragen des Unbewussten auch Kettner/Mertens 2010, S. 7 ff., 77 ff. und 109 ff.

28 Dazu Groß/Hoffmann-Riem/Krohn 2005, S. 19 ff.; kaum problematisiert bei Nowak/Highfield 2013, S. 225 ff. Pars pro toto möge man zum Beispiel das Experiment bei Bamberg 2013, S. 151 ff. einmal durchdenken. Das Experiment geht sowohl von den gebildeten Kategorien als auch von der direkten Befragung her konstant davon aus, dass die wesentlichen Verhaltensantriebe den Handelnden bewusst sind, dass die Antworten nicht durch das aktive Thematisieren und die Art des Fragens verfälscht werden. Wenn dort zum Beispiel die Probanden gefragt werden, was ihr Umfeld (»Normalitätsvorstellungen« in hiesiger Terminologie) von ihnen erwartet, so bleibt über das Gesagte hinaus auch offen, inwieweit sich die Probanden dafür konkret interessieren. Auch die Experimente von Milinski/Marotzke 2015, S. 98 ff. zur Zahlungsbereitschaft von Versuchspersonen, die Staaten in Klimaverhandlungen symbolisieren, löst die im Fließtext genannten Probleme nicht.

29 Kritisch Kivimaa u. a. 2015, S. 2 ff.; affirmativ Milinski/Marotzke 2015, S. 93 ff.

30 All dies ist exemplarisch zu sehen zum Beispiel bei Milinski/Marotzke 2015, S. 93 ff.

31 Exemplarisch die vielen Beiträge im Sammelband von Ostermaier 2011.

32 Zu den massiven Orthodoxie-Tendenzen in der Ökonomik Rosa u. a. 2014, S. 41 ff.; Löhr/Burkatzki 2015, S. 11 ff.

33 Vergleichsweise hoch ist ihre Tauglichkeit dann einzuschätzen, wenn das Setting so gewählt ist, dass das eigentliche Experiment vor den Probanden weitgehend verborgen bleibt wie etwa beim berühmten Milgram-Experiment – siehe Milgram 1982.

34 Siehe statt vieler Russell-Smith/Costanza u. a. 2015, S. 441 ff.

35 Dazu anhand des Bodenschutzes Ekardt/Lazar 2003, S. 237 ff.; zum Fluglärm Ekardt 2010; allgemein Ekardt 2016.

36 Siehe zur Umweltbewusstseinsforschung ausführlich Ekardt 2001, § 13; Kuckartz 2010, S. 144 ff.; Welzer 2008, S. 211 ff.

37 Dazu etwa Sunstein/Reisch 2013, S. 119 ff.; Lottermoser 2014, S. 89 ff.

38 Diese subjektive Wahrnehmungsrelevanz figuriert in der Schnittmenge von Politikwissenschaft und Psychologie zum Beispiel als Schematheorie; siehe Otto 2015, S. 69 ff.; dahinterstehend etwa Piaget 1972.

39 Eine statistische Erhebung bietet http://www.spiegel.de/wirtschaft/unternehmen/gruenen-waehler-halten-rekord-bei-flugreisen-a-1002376.html.

40 Siehe Wuppertal Institut 2008, S. 152; Siemer 2006, S. 153.

41 Der jeweils aktuelle Stand kann nachgelesen werden in den regelmäßigen Erhebungen auf www.uba.de/umweltbewusstsein.

42 Zu diesem offenkundigen Punkt pars pro toto Ekins/Meyer/Schmidt-Bleek/Schneider 2014, S. 256 ff.; Blöbaum 2008, S. 233 ff.; Fatheuer/Fuhr/Unmüßig 2015, S. 137 ff.; Stengel 2011, S. 183 ff.

43 Zur Rolle der multinationalen Konzerne auch Wuppertal Institut 2008, S. 499 ff.

44 Klar bejaht etwa bei Reich 2008, S. 174 ff.; stattdessen von einer Wiederkehr früherer Tendenzen sprechend Scheidler 2015, S. 173 ff.

45 Einseitig daher Fatheuer/Fuhr/Unmüßig 2015, S. 137 ff.; vergleiche auch Bedall 2014, S. 136 ff.

46 Exemplarisch Fatheuer/Fuhr/Unmüßig 2015, S. 137 ff.; Moreno/Speich Chassé/Fuhr 2015, S. 9 ff. und 47 ff.

47 Diamond 2005, passim; Radkau 1999, S. 107 ff.; Schellnhuber 2015, S. 244 ff.

48 Wilson 2013; Nowak/Highfield 2013, S. 9 ff. und 39 ff.; Tomasello 2014, S. 9 ff.; kritisch schon Ekardt 2016, § 2 E.

49 Wilson 2013; Nowak/Highfield 2013, S. 9 ff. und 39 ff., der auf S. 303 auch das afrikanische Sprichwort zitiert: »Wenn ihr schnell gehen wollt, geht allein, wenn ihr weit gehen wollt, geht gemeinsam.«

50 Kritisch auch Irrgang 2001, S. 226 ff. und Nagel 2013, S. 11 ff. Die empirische Forschung kann übrigens soziale Geschlechter-Stereotype bei Kleinkindern schon in einem Alter nachweisen, in dem zweifelhaft ist, ob sie ihr biologisches Geschlecht überhaupt korrekt bestimmen können. Siehe dazu Hannover 2014, S. 892. – Seltsame Blüten treibt das als naturwissenschaftlich präsentierte Bemühen, alles in einfache und quantifizierbare Begriffe zu bringen, wenn Wilson 2013 meint, menschliche Charaktere anhand von fünf banalen Grundeigenschaften wie extrovertiert versus introvertiert beschreiben zu können. Dass ein solcher Ansatz in der Anwendung von relativ willkürlichen Einschätzungen abhängt und überdies grob unterkomplex ist, scheint ihm nicht in den Sinn zu kommen.

51 Hannover 2014, S. 892 f.; Irrgang 2001, S. 226 ff. und 235 ff.

52 Hierzu und zum Folgenden Hasler 2012; von Harbou 2014, S. 128 ff.

53 Ausführlich jetzt Nagel 2013, S. 11 ff.; ferner Irrgang 2001, S. 301 ff.

54 Dazu etwa Stengel 2011, S. 183 ff.; Fisahn 1999, S. 279 ff.; Enquête-Kommission 2013, S. 438 f.; Kühl 2014, S. 47 ff.; siehe auch Janis 1972, S. 10 ff., der das Phänomen des »Gruppendenkens« beschreibt. Eine exemplarische Abbildung explizit gemachter (sonst oft eher unbewusster) deutscher Normalitätsvorstellungen findet sich in einem Guide für Flüchtlinge im Zuge der Debatten seit dem Herbst 2015: http://www.refugeeguide.de/de/.

55 Zum Schrumpfen der Gewissheiten beispielsweise Beck 1986.

56 Dazu klassisch in Soziologie und Psychologie Mead 1978, S. 187 ff.; Piaget 1972.

57 Historisch breit entfaltet an der »Einübung« des Holocaust im totalitären NS-Staat innerhalb von dessen Terrororganisationen (wobei dort in hiesiger Terminologie auch Werthaltungen und Eigennutzenkalküle bedient wurden) Kühl 2014, S. 47 ff. –

wobei vorliegend die dort beanspruchte systemtheoretische Theoriegrundlage nicht geteilt wird; kritisch zur Systemtheorie Ekardt 2016, § 7 E.

58 Siehe auch Enquête-Kommission 2013, S. 438 f.; Stengel 2011, S. 183 ff. Nicht folgen sollte man allerdings der neuerdings aufkommenden Vorstellung (etwa bei der Enquête-Kommission 2013, S. 439, Fn. 1529), es gebe eine feste Zahl von »Lebensstiltypen«; zu der schwachen empirischen Grundlage und der extremen Vagheit der Abgrenzungen Berger 2009, S. 153 ff.

59 Dazu Pauen/Welzer 2015, S. 119; Janis 1972.

60 Dort werden gravierende Verbrechen der Beteiligten als ganz alltäglich diskutiert, im scharfen Kontrast zur Selbstdarstellung von Soldaten in späteren Zeiten; vergleiche Neitzel/Welzer 2011.

61 Deshalb erscheint die fortwährende Verknüpfung des NS- mit dem Klimathema bei Pauen/Welzer 2015, S. 113 ff. und Welzer 2013 auch überzogen. Gegen die Überbetonung der Konformität oder »Normbestimmtheit« etwa Habermas 1981, Bd. 2, S. 300 ff. Letztlich handelt es sich bei solchen einseitigen Konzepten um eine an Emile Durkheim oder Talcott Parsons orientierte Konzeption, die, wie es Durkheim genannt hätte, die Normbestimmtheit von Verhalten ins Zentrum rückt. Zum Verhältnis Durkheim/Parsons und generell zu dieser Denkrichtung auch Koenig 2014, S. 113 ff. (mit dem Hinweis, dass Durkheim auf eine auch normative Wirkung seiner deskriptiven soziologischen Konzepte hoffte); Fisahn 1999, S. 73 ff. und 90 ff.

62 Akerlof/Shiller 2009, S. XI, 21 und passim; Selten 2011, S. 24 ff.; Enquête-Kommission 2013, S. 438 f.; Klöhn 2006, S. 95 ff.; Dean 2013, S. 170 f.

63 Etwa bei MacKay/Cramton/Ockenfels/Stoft 2015, S. 315 ff.; Selten 2011, S. 24 ff.; Konrad/Zschäpitz 2010, S. 142 ff.

64 Dazu beispielsweise Milinski/Marotzke 2015, S. 98 ff.

65 Hierzu und zum Folgenden Liedtke 2011, S. 37 ff.; Kahneman 2011, S. 20 f. und passim; Akerlof/Shiller 2009, S. XI, 21 und passim; Steinberg 2013, S. 102 und passim; ausführlich zu Gewohnheiten Dean 2013, S. 15 ff.

66 Pars pro toto Liedtke 2011, S. 37 ff.; Steinberg 2013, S. 102 und passim.

67 Die psychologische und biologische Literatur in Umweltfragen zu den folgenden Punkten wurde teils bereits von Ekardt 2001, § 13. 3.c. dokumentiert; ferner Kuckartz 2010, S. 144 ff.; Blöbaum 2008, S. 233 ff.

68 Dazu Pauen/Welzer 2015, S. 119; Janis 1972, passim.

69 Hierzu aus psychologischer Sicht Beyerl 2010, S. 247 ff.

70 Milgram 1982, S. 183; Welzer 2013.

71 Deswegen sind womöglich sogar die Kosten für Öl-Kriege eher »politisch durchsetzbar« als Benzinpreissteigerungen.

72 Vergleiche dazu mit Bezug auch auf den existenzialistischen und psychoanalytischen Diskurs Jackson 2013, S. 53 ff.; Santarius 2015, S. 154 f.; Ekardt 2001, § 13 4.c.

73 Vergleiche dazu Klöhn 2006, S. 95 ff.

74 Näher dazu Ekardt 2016, § 1 D. II.; Scholz 2011, S. 245 f.

75 Stoll-Kleemann/O'Riordan/Jaeger 2001, S. 107 ff.; weitere Nachweise bei Ekardt 2001, § 13. 3.

76 Siehe Stoll-Kleemann/O'Riordan/Jaeger 2001, 107 ff.

77 Klassisch Fromm 1976, S. 25 ff.; ferner Hosang/Fraenzle/Markert 2005, S. 19 ff.

78 Siehe Milgram 1982, S. 183; Welzer 2013.

79 Wiederum dargelegt bei Knill 2006, S. 61 ff.

80 Zum Ganzen sehr instruktiv Berger 2009.

81 In einer Fallstudie zu Großbritannien und Deutschland dargelegt bei Knill 2006, S. 61 ff.

82 Hardin 1968, S. 1243 ff.; differenziert eingeordnet bei Nowak/Highfield 2013, S. 23 ff.

83 Engel/Kurschilgen 2015, S. 1 und passim; Ostrom 1990; Tomasello 2014, S. 9 ff.; MacKay/Cramton/Ockenfels/Stoft 2015, S. 315 ff.; Buchholz/Peters/Ufert 2014, S. 326 ff.

84 Engel/Kurschilgen 2015, S. 1 und passim; Buchholz/Peters/Ufert 2014, 326 ff.; Bamberg 2013, 151 ff.; Messner 2015, S. 260 ff.; Giegerich 2010, S. 99.

85 Vergleiche zum Beispiel die Simulation von Klimaverhandlungen bei Buchholz/Peters/Ufert 2014, S. 326 ff.

86 In diese Richtung Bamberg 2013, S. 151 ff.; Messner 2015, S. 260 ff.; kritisch Glucksmann 2005.

87 Vergleiche dazu Mazar/Zhong 2010, S. 494 ff.; Heath/Heath 2013, S. 18 f. Kant hat wegen dieses Konflikts wohl auch seine normative Theorie vollständig auf die Frage, wie die animalische Natur des Menschen vernünftig zu kontrollieren ist, ausgerichtet; näher zu Kant Ekardt 2016, § 3 C.

88 Klassisch Hume 2007, S. 296 ff.; ferner von Harbou 2014, S. 179 ff.

89 Blackburn 1998, S. 46 ff.; Gommer 2014, S. 151 ff.; Wilson 2013.

90 Am Beispiel der Klimaverhandlungen aufgezeigt von Hermwille u. a. 2015.

91 Eine statistische Erhebung bietet http://www.spiegel.de/wirtschaft/unternehmen/gruenen-waehler-halten-rekord-bei-flugreisen-a-1002376.html.

92 Schulze 2009, S. 166 ff.; Prisching 2009, S. 136 ff.

93 Treffend beobachtet bei Heyen/Fischer u. a. 2013, S. 18 f.

94 Insoweit einseitig daher Stengel 2011, S. 266 ff.

95 Vergleiche die Daten von Liebe/Preisendörfer 2013, S. 253.

96 Dazu ausführlich Schellnhuber 2015, S. 212 ff.

97 Zu ihrer Wechselwirkung auch Rodrik 2011, S. 41 und passim.

98 Zur Anthropozentrik-Debatte, die seit den 1970er Jahren zunächst im Zentrum der Suche nach den mentalen Umweltzerstörungs-Ursachen stand, inzwischen aber spärlicher geworden ist, siehe Ekardt 2001, §§ 13, 14; aktuell noch Görg 2010, S. 347 ff.

99 Zum Folgenden in Aufarbeitung des religions- und geschichtswissenschaftlichen Erkenntnisstandes Ekardt 2001, § 18; Ekardt 2003, S. 99 ff. und 112; Ekardt/Richter 2006, S. 552 ff.; Wittreck 2014, S. 20 ff. – die erste Fundstelle einschließlich der Frage, was insoweit von Max Weber übrig bleibt; zu diesem in einer neuen individualbiographischen Deutung Radkau 2005, S. 316 ff. Zu Ansätzen, die diese Zusammenhänge eher skeptisch sehen, siehe Koenig 2014, S. 113 ff.

100 Zur Verknüpfung auch Welzel 2002, S. 34 ff. und 237 ff. (aber ohne die Ambivalenzen); Rosa u. a. 2014, S. 57 f. und passim.

101 Die wechselseitige Beeinflussung von Calvinismus und Kapitalismus/Staat/Grundrechten/Demokratie (wiederholt dazu Ekardt 2016; Ekardt 2001) verkennt Scheidler 2015, S. 101 f. in marxistischer Manier. Ebenso greift es zu kurz, wenn dort die religiöse Apokalyptik allein als Folge ökonomischer und staatlicher Gewalt erscheint.

102 Näher zu Ockham und Hobbes Ekardt/Richter 2006, S. 552 ff. Es wäre indes ein – gängiger – Fehler, wenn man allein »einzelne Geistesgrößen« in den Blick nähme und zudem das meist nicht »plötzliche«, sondern eher organisch-fließende Auftreten neuer Ideen verkennen würde; dazu ausführlich im Falle der Reformation MacCulloch 2008, S. 27 ff.

103 Dies und das Folgende wird nachgezeichnet bei Ekardt 2001, §§ 14, 18.

104 Ausführlicher dazu Ekardt 2016, § 3 B.

105 Man könnte die vorliegend entwickelte Verhaltens- und damit auch Wandelstheorie als »neoweberianisch« erleben, da ihre Grundbegriffe den Weberschen Begriffen Zweckrationalität, Wertrationalität und so weiter ähneln. Letztlich ist die Ähnlichkeit wohl geringer, als es zunächst scheinen mag. Dies schon deshalb, weil die Weberschen Begriffe der Zweck- und Wertrationalität gerade nicht mit der instrumentellen und normativen Rationalität meiner Terminologie exakt zusammenfallen. Zudem konnte Weber »Wertrationalität« im Grunde immer nur in Anführungszeichen sagen, weil er letztlich gerade anzweifelte, dass sich normative Fragen mit Gründen entscheiden lassen. Insofern besteht bei Weber dann doch (Unähnlichkeit zu Jürgen Habermas und) eine partielle Ähnlichkeit zum Rational-Choice- respektive dem Homo-oeconomicus-Ansatz, der seit Thomas Hobbes das menschliche Verhalten als rein eigennützig zu plausibilisieren versucht. Ganz falsch ist das nicht, aber eben auch nicht ganz richtig. Genau deswegen versucht das vorliegende Buch eine Gesamtsicht. Zum Ganzen Ekardt 2016, § 2 E.; Habermas 1981. Dabei geht es hier zunächst nur um die deskriptive Habermassche Handlungs- und Gesellschaftstheorie; zur normativen Diskursethik Ekardt 2016, § 3. Zur historischen Rekonstruktion von Hobbes und seinen Brüchen und Verbindungslinien im Verhältnis zur Scholastik Ekardt/Richter 2006, S. 552 ff. Exemplarisch für diese Ausrichtung der ökonomischen Debatte MacKay/Cramton/Ockenfels/Stoft 2015, S. 315 ff.

106 Jensen/Scheub 2015, S. 13 ff. und 285 ff.; Scheidler 2015, S. 19 ff. und 205 ff.; Felber 2012; vorsichtiger Muraca 2015, S. 69 ff. und 78 ff.; eine kritische Würdigung eudämonistisch-gesellschaftskritisch ausgerichteter Postwachstumsentwürfe (respektive einer allgemeinen Industrialisierungs-, Konsum- oder gar Moderne-Kritik) einschließlich ihrer vielfältigen Vorläufer bietet Ott 2011, S. 54 ff.

107 Prononciert in diese Richtung Paech 2012; Welzer 2013 (der Gemeinnutz – kritisch dazu Ekardt 2016, § 4 F. I. –, Zeitwohlstand, Erhaltung als neues Glücksprogramm propagiert); etwas vorsichtiger Rosa u. a. 2014, S. 21 ff.

108 Zu Unklarheiten führt ferner, dass statistische Korrelationen oft keine definitiven Aussagen beim Glück zulassen. Führt Einkommen zu mehr Glück, oder führt vielmehr das Glücklichsein mit höherer Wahrscheinlichkeit zu mehr Einkommen? Indes würde auch letzteres nicht gerade den Eindruck stärken, dass Einkommen sozusagen schädlich fürs menschliche Glück ist. Zu den methodischen Probleme der Glücksforschung auch Frey/Frey Marti 2010, S. 25 ff.

109 In diesem Sinne pointiert Fücks 2013, S. 125 ff.; siehe auch Luks 2013, S. X f.

110 Ähnlich aufgrund der wirtschaftswissenschaftlichen Forschung Binswanger 2006; Muraca 2015, S. 69 f.; Reisch/Bietz 2014, S. 51 ff.; Frey/Frey Marti 2010, S. 47 ff.

111 Empirisch zur Korrelation von Einkommen und Glück Frey/Frey Marti 2010, S. 47 ff.

112 Zu den damit gerade differenzierten Befunden der Glücksforschung im Überblick Delhey 2013, S. 890 f.; Schöb 2013, S. 894 f.; Kuhl 2013, S. 884 f.; Reisch/Bietz 2014, S. 51 ff.

113 Treffend angesprochen von Fücks 2013, S. 122 f.; Luks 2013, S. XVI ff.; Frey/Frey Marti 2010, S. 47 ff.

114 Enquête-Kommission 2013, S. 28 (mit einer Darstellung diverser existierender Ansätze auf S. 302 ff.); Jakob/Edenhofer 2014, S. 447 ff.; Reisch/Bietz 2014, S. 44 ff.

115 Schreiner 2015, S. 109; Paech 2012, S. 63 ff. und 113 ff.; Jensen/Scheub 2015, S. 13 ff. und 285 ff.; Rosa u. a. 2014, S. 21 ff.

116 Hierzu und zum Folgenden Hasler 2012, siehe auch Esch 2014, S. 244.

117 So die für Arbeits- und Lebenswelt vorgetragene These von Sennett 2006, S. 9 ff.

118 Dieser Bezug ist omnipräsent (mal explizit, mal implizit) bei Jensen/Scheub 2015, S. 31 ff.; Felber 2012; Fromm 1976, S. 25 ff.; Hosang/Fraenzle/Markert 2005, S. 19 ff.; vorsichtiger Muraca 2015, S. 78 ff.; das Pendant in der Instrumentendebatte sind (typischerweise als Kritik des Emissionshandels verpackt) etwa die Beiträge in Altvater/Brunnengräber 2011.

119 Exemplarisch MacKay/Cramton/Ockenfels/Stoft 2015, S. 315 ff.; Buchholz/Peters/Ufert 2014, 326 ff.

120 Zutreffend daher Latouche 2015, S. 140 f., wenn er die Maßlosigkeit und nicht Märkte, Geld oder Privateigentum an sich kritisiert.

121 Herausgearbeitet zum Beispiel von Nowak/Highfield 2013, S. 225 ff. und 292 ff.

122 Diese Differenzierung (und erst recht ihre Ursachen) bildet sich in der ökonomischen Forschung nur teilweise ab; exemplarisch Buchholz/Peters/Ufert 2014, S. 326 ff.; die nötigen Differenzierungen einfordernd dagegen Irrgang 2001, S. 244 und Hippe 2016, S. 33 und 78 ff.

123 Siehe Wilson 2013; Gommer 2014, S. 151 ff.; Blackburn 1998; Wilson 2015, S. 185 ff.; Nowak/Highfield 2013, S. 9 ff. und 39 ff.

124 Just diese entscheidende Limitierung übergeht Gommer 2014, S. 173 ff.

125 Vergleiche die empirischen Belege bei Diekmann 2009, S. 558 f.; Voland 2009, S. 556 f.; zu den Grenzen der Kooperationsforschung ferner Irrgang 2001, S. 235 ff.

126 Ausführlich dazu Tomasello 2014, S. 9 ff.; Wilson 2013.

127 Sehr differenziert dargelegt von Nowak/Highfield 2013, S. 292 ff. und Tomasello 2014, S. 9 ff.; ebenfalls die simple Alleinverantwortlichkeit »des« Kapitalismus zurückweisend Hippe 2016, S. 33 und 78 ff.

128 Die Gefahren dieser Forderung werden übersehen von Fromm 1976, S. 129 ff.; Gebauer 2007, S. 69 ff. und 247 ff.; zutreffend Steinberg 2013, S. 129 ff.; kritisch zum Populismus vieler Postwachstums- und Kapitalismuskritik-Sichtweisen auch Luks 2014, S. 57 ff. und 137 ff.

129 Andeutungen dahingehend bei Soff 2011, S. 85 ff.; Liedtke 2011, S. 37 ff.

130 Die nachstehenden Überlegungen folgen insbesondere (dort wie immer weitere Nachweise) knapp der näheren Analyse bei Ekardt 2016, § 3.

131 Wie bei Ekardt 2016, § 4 näher hergeleitet wird, kann das (deutsche, europäische und so weiter) Recht zwar aufzeigen, dass das Freiheits- aus dem Menschenwürde- und dem Unparteilichkeitsprinzip folgt, und es lassen sich auch ungefähre Inhalte jener Prinzipien ermitteln. Die Frage »warum Menschenwürde« (und teilweise auch deren Inhalt) ist jedoch nur über das logisch in der Menschenwürde als Hintergrund Vorausgesetzte klärbar – also über ihre ethische Begründung.

132 Begründungsansätze, die dem vorliegenden (teilweise) ähnlich sind, entwickeln dagegen (ohne Bezug zur Nachhaltigkeit und zum Klimaschutz) Alexy 1995, S. 127 ff.; Illies 2003, S. 129 ff.; Kuhlmann 1985; Habermas 1983, S. 56 ff. Die Klassiker Immanuel Kant und John Rawls bleiben demgegenüber mindestens unvollständig; dies klingt im Fließtext kurz an.

133 Die Feststellung faktisch häufig sehr »subjektiver« Perspektiven setzt vielmehr schon logisch voraus, dass es auch objektive Perspektiven gibt – denn sonst wäre das Subjektive an den subjektiven Perspektiven gar nicht sinnvoll bestimmbar. Ebenso – nur meist übersehen – für genau diese Differenzierung das berühmte Werk von Berger/Luckmann 1960, S. 2; näher Ekardt 2016, § 1 D. II.

134 Nachweise zur Diskussion finden sich in der Darstellung des Problems bei Ekardt 2016, § 5 C. II. 2.

135 Dies folgern auch Milinski/Marotzke 2015, S. 103 aus spieltheoretischen Experimenten.

136 Siehe pars pro toto Klingholz 2014, S. 85 ff.

137 Linz 2012, S. 102 f.; Heyen/Fischer u. a. 2013, S. 20.

138 Zu diesem ansonsten durchgängig übersehenen Punkt immerhin Stengel 2011, S. 292 ff.

139 Ausführlich dazu Pauen/Welzer 2015, S. 176 ff.; Welzer 2013.

140 Dazu basierend auf der individualpsychologischen Forschung Heath/Heath 2013, S. 290.

141 Siehe Heath/Heath 2013, S. 288 und passim.

142 Besonders zum letztgenannten Aspekt Reisch/Bietz 2014, S. 79 ff.

143 Experimentelle psychologische Befunde bieten Heath/Heath 2013, S. 285 und passim; Liedtke 2011, S. 37 ff.; Soff 2011, S. 85 ff.

144 Engel/Kurschilgen 2015, S. 1 und passim; Nowak/Highfield 2013, S. 292 ff.

145 Welzer 2013, S. 146 ff. und 248 ff.; Heyen/Fischer u. a. 2013, S. 20.

146 Anhand der psychologischen Forschung dargelegt bei Kristof 2010, S. 94 f.

147 Siehe Heyen/Fischer u. a. 2013, S. 10 f.

148 Dazu im Überblick Müller 2014, S. 29 ff.; kritisch Scheidler 2015, S. 173 ff.

149 Dazu näher Ekardt 2016, § 7 A.

150 Ausführlicher dazu besonders Ekardt 2016, § 6.

151 Ausführlich zu diesem Ansatz Ekardt 2016, § 6 E. III.-V. Dort auch nachdrücklich zu den Unterschieden zum bisherigen EU-Emissionshandel. Zum Beispiel müsste man

auch einige Schlupflöcher wie den Clean Development Mechanism abschaffen und zudem eine große Zahl im Markt befindlicher Altzertifikate streichen.

152 Zu den Implikationen des Konsums tierischer Nahrungsmittel für Klima, Biodiversität, Phosphor, Stickstoff usw. Ekardt/Garske/Stubenrauch/Wieding 2015, S. 343 ff.; Stoll-Kleemann 2014, S. 366 ff.; Stoll-Kleemann/O'Riordan 2014, S. 34 ff.

153 Dazu Edenhofer/Kadner/Minx 2015, S. 69 ff.

154 Hierzu bereits Ekardt 2016, § 6 E. V. 3.

155 Der Begriff findet sich auch bei Heyen/Fischer u. a. 2013, S. 19.

156 Zutreffend dazu Klingholz 2014.

157 Vergleiche zum Folgenden Gilding 2012, S. 243 ff.; Paech 2012; Jackson 2011.

158 Eingehend dazu Luks 2013.

159 Deutlich in diese Richtung zum Beispiel Hanke 2014, S. 73 ff.; kritisch dazu Ekardt/Neumann/Wieding/Schmidt-Kanefendt 2015, S. 15.

160 Zur Apokalyptik und den Wiedertäufern siehe Ekardt 2001, §§ 14, 18 und Scheidler 2015, passim.

161 Treffend insoweit Fücks 2013, S. 122 f.; Herrmann 2015, S. 65 ff. und passim.

162 Vergleiche Schneidewind/Zahrnt 2013, S. 51 ff.; Hanke 2014, S. 59 ff.

163 Habermas 1981, Bd. 2, S. 489 ff.; Rosa u. a. 2014, S. 60; und passim; Schreiner 2015, S. 108 f.; zur Ökonomisierung im Sinne von Monetarisierung/Quantifizierung Ekardt 2016, § 5 C. III.

Literaturverzeichnis

Akerlof, G. A./Shiller, R. J.: Animal Spirits. How Human Psychology Drives the Economy, and why it Matters for Global Capitalism, Princeton u. a. 2009.

Alexy, Robert: Recht, Vernunft, Diskurs, Frankfurt a. M. 1995.

Altvater, Elmar/Brunnengräber, Achim (Hg.): After Cancun. Climate Governance or Climate Conflicts, Wiesbaden 2011.

Bamberg, Sebastian: Changing environmentally harmful behaviors: A stage model of self-regulated behavioral change, Journal of Environmental Psychology 2013, 151 ff.

Beck, Ulrich: Risikogesellschaft. Auf dem Weg in eine andere Moderne, Frankfurt a. M. 1986.

Bedall, Philip: Climate Justice vs. Klimaneoliberalismus? Klimadiskurse im Spannungsfeld von Hegemonie und Gegen-Hegemonie, Bielefeld 2014.

Berger, Hartwig: Der lange Schatten des Prometheus. Über unseren Umgang mit Energie, München 2009.

Berger, Peter/Luckmann, Thomas: Die soziale Konstruktion der Wirklichkeit, Frankfurt a. M. 1960.

Beyerl, Katharina: Der Klimawandel in der psychologischen Forschung, in: Voss, Martin (Hg.): Der Klimawandel. Sozialwissenschaftliche Perspektiven, Wiesbaden 2010, S. 250 ff.

Binswanger, Mathias: Die Tretmühlen des Glücks, Freiburg 2006.

Blackburn, Simon: Ruling Passions, Oxford 1998.

Blöbaum, Anke: Ein umweltpsychologischer Blick auf das Verhältnis von Mensch und Umwelt, in: Knopf, Thomas (Hg.): Umweltverhalten in Geschichte und Gegenwart. Vergleichende Ansätze, Tübingen 2008, S. 228 ff.

Buchholz, Wolfgang/Peters, Wolfgang/Ufert, Aneta: Spielräume für uni- und multilateralen Klimaschutz, ZfU 2014, S. 326 ff.

Bussemer, Thymian: Die erregte Republik. Wutbürger und die Macht der Medien, Stuttgart 2011.

Dean, Jeremy: Making Habits, Breaking Habits. How to Make Changes that Stick, London 2013.

Delhey, Jan: Haben, Lieben, Sein. Was ist dem Glück förderlich? Soziologische Anmerkungen, Forschung & Lehre 2013, S. 890 f.

Diamond, Jared: Kollaps. Warum Gesellschaften überleben oder untergehen, 8. Aufl. Frankfurt a. M. 2005.

Diekmann, Andreas: Der Mensch – Altruist oder Homo oeconomicus? Ergebnisse experimenteller Spieltheorie zum Altruismus, Forschung und Lehre 2009, S. 558 f.

Edenhofer, Ottmar/Kadner, Susanne/Minx, Jan: Ist das Zwei-Grad-Ziel wünschenswert, und ist es noch erreichbar? Der Beitrag der Wissenschaft zu einer politischen Debatte, in: Marotzke, Jochem/Stratmann, Martin (Hg.): Die Zukunft des Klimas. Neue Erkenntnisse, neue Herausforderungen, München 2015, S. 69 ff.

Ekardt, Felix/Lazar, Silvia: Vollziehbarkeit und Effektivität des untergesetzlichen Regelwerks im Bodenschutzrecht, Altlasten-Spektrum 2003, S. 237 ff.

Ekardt, Felix/Richter, Cornelia: Ockham, Hobbes und die Geburt der säkularen Normativität, Archiv der Rechts- und Sozialphilosophie 2006, S. 552 ff.

Ekardt, Felix: Liberalismus, Besitzindividualismus und Handlungstheorie, Leipzig 2003.

Ekardt, Felix/Neumann, Werner/Wieding, Jutta/Schmidt-Kanefendt, Hans-Heinrich: Grundlagen und Konzepte einer Energiewende 2050 – BUNDposition, Berlin 2015.

Ekardt, Felix: Fluglärmgesetz, Kommentar, Nomos Deutsches Bundesrecht, Baden-Baden 2010.

Ekardt, Felix/Garske, Beatrice/Stubenrauch, Jessica/Wieding, Jutta: Legal Instruments for Phosphorus Supply Security – Integrated Instruments for Various Environmental Problems, Journal for European Environmental and Planning Law 2015, S. 343 ff.

Ekardt, Felix: Theorie der Nachhaltigkeit. Ethische, rechtliche, politische und transformative Zugänge – am Beispiel von Klimawandel, Ressourcenknappheit und Welthandel, 3. Aufl. (= 2. Aufl. der Neuausgabe) Baden-Baden 2016.

Ekardt, Felix: Steuerungsdefizite im Umweltrecht. Ursachen unter besonderer Berücksichtigung des Naturschutzrechts und der Grundrechte. Zugleich zur Relevanz religiösen Säkularisats im öffentlichen Recht, Sinzheim 2001.

Ekins, Paul/Meyer, Bernd/Schmidt-Bleek, Friedrich/Schneider, Friedrich: Reducing Resource Consumption. A Proposal for Global Resource and Environmental Policy, in: Angrick, Michael/Burger, Andreas/Lehmann, Harry (Hg.): Factor X. Policy, Strategies and Instruments for a Sustainable Resource Use, Dordrecht 2014, S. 249 ff.

Engel, Christoph/Kurschilgen, Michael: The Jurisdiction of the Man Within – Introspection, Identity, and Cooperation in a Public Good Experiment, Preprints of the Max Planck Institute for Research on Collective Goods, Bonn 2015.

Enquête-Kommission »Wachstum, Wohlstand, Lebensqualität« des 17. Deutschen Bundestages: Schlussbericht, BT-Drs. 17/13300, Berlin 2013.

Esch, Tobias: Die Neurobiologie des Glücks, 2. Aufl. Stuttgart 2014.

Fatheuer, Thomas/Fuhr, Lili/Unmüßig, Barbara: Kritik der Grünen Ökonomie, München 2015.

Felber, Christian: Die Gemeinwohl-Ökonomie. Das Wirtschaftsmodell der Zukunft, Wien 2012.

Fisahn, Andreas: Natur – Mensch – Recht. Elemente einer Theorie der Rechtsbefolgung, Berlin 1999.

Foucault, Michel: Wahnsinn und Gesellschaft, Frankfurt a. M. 1973.

Frey, Bruno/Frey Marti, Claudia: Glück. Die Sicht der Ökonomie, Zürich u. a. 2010.

Fromm, Erich: Haben oder Sein. Die seelischen Grundlagen einer neuen Gesellschaft, Stuttgart 1976.

Fücks, Ralf: Intelligent wachsen. Die grüne Revolution, München 2013.

Gebauer, Michael: Kind und Naturerfahrung. Naturbezogene Konzeptbildung im Kindesalter, Hamburg 2007.

Giddens, Anthony: Die Konstitution der Gesellschaft. Grundzüge einer Theorie der Strukturierung, Frankfurt a. M. 1984.

Giegerich, Thomas: Gemeinwohl durch Wettbewerb?, Veröffentlichungen der Vereinigung der Deutschen Staatsrechtslehrer 2010, S. 243 ff.

Gilding, Paul: Die Klimakrise wird alles ändern. Und zwar zum Besseren, Frankfurt a. M. 2012.

Glucksmann, André: Hass. Die Rückkehr einer elementaren Gewalt, München 2005.

Gommer, Hendrik: The Biological Foundations of Global Ethics and Law, Archiv der Rechts- und Sozialphilosophie 2014, S. 151 ff.

Gordon, Robert: The Rise and Fall of American Growth, Princeton 2016.

Görg, Christoph: Vom Klimaschutz zur Anpassung, in: Voss, Martin (Hg.): Der Klimawandel. Sozialwissenschaftliche Perspektiven, Wiesbaden 2010, S. 347 ff.

Gorz, André: Auswege aus dem Kapitalismus. Beiträge zur politischen Ökologie, Zürich 2009.

Greve, Jens: Reduktiver Individualismus. Zum Programm und zur Rechtfertigung einer sozialtheoretischen Grundposition, Wiesbaden 2015.

Groß, Matthias/Hoffmann-Riem, Holger/Krohn, Wolfgang: Realexperimente. Ökologische Gestaltungsprozesse in der Wissensgesellschaft, Bielefeld 2005.

Habermas, Jürgen: Moralbewusstsein und kommunikatives Handeln, Frankfurt a. M. 1983.

Habermas, Jürgen: Theorie des kommunikativen Handelns, 2 Bde., Frankfurt a. M. 1981.

Hamann, Hanjo: Evidenzbasierte Jurisprudenz. Methoden empirischer Forschung und ihr Erkenntniswert für das Recht am Beispiel des Gesellschaftsrechts, Tübingen 2014.

Hanke, Gerolf: Regionalisierung als Abkehr vom Fortschrittsdenken. Zur Unvereinbarkeit von starker Nachhaltigkeit und klassischer Modernisierung, Marburg 2014.

Hannover, Bettina: Was bestimmt das Geschlecht? Über das Zusammenspiel von Biologie und sozialer Umwelt, Forschung & Lehre 2014, S. 892 f.

Harbou, Frederik von: Empathie als Element einer rekonstruktiven Theorie der Menschenrechte, Baden-Baden 2014.

Hardin, Garrett: The Tragedy of the Commons, Science 1968, S. 1243 ff.

Hasler, Felix: Neuromythologie. Eine Streitschrift gegen die Deutungsmacht der Hirnforschung, München 2012.

Heath, Chip/Heath, Dan: Switch. Veränderungen wagen und dadurch gewinnen, Frankfurt a. M. 2013.

Hermwille, Lukas/Obergassel, Wolfgang/Ott, Herrmann/Beuermann, Christine: UNFCCC before and after Paris – what's necessary for an effective climate regime?, Climate Policy 2015, 1 ff., DOI: 10.1080/14693062.2015.1115231.

Herrmann, Ulrike: Der Sieg des Kapitals. Wie der Reichtum in die Welt kam – die Geschichte von Wachstum, Geld und Krisen, München 2015.

Hey, Christian: Wege aus dem Wachstumsdilemma – kritische Anmerkungen zu einer aktuellen Debatte, Zeitschrift für Umweltpolitik und Umweltrecht 2012, S. 125 ff.

Heyen, Dirk Arne/Fischer, Corinna u. a.: Mehr als nur weniger. Suffizienz – Notwendigkeit und Optionen politischer Gestaltung, Freiburg 2013, http://www.oeko.de/oekodoc/1837/2013-506-de.pdf.

Hippe, Thorsten: Herausforderung Klimaschutzpolitik. Probleme, Lösungsstrategien und Kontroversen, Opladen u. a. 2016.

Hosang, Maik/Fraenzle, Stefan/Markert, Bernd: Die emotionale Matrix. Grundlagen für gesellschaftlichen Wandel und nachhaltige Innovation, München 2005.

Hume, David: An Enquiry concerning the Principles of Morals, Neuausgabe Oxford 2007.

Illies, Christian: The Grounds of Ethical Judgement – New Transcendental Arguments in Moral Philosophy, Oxford 2003.

Institut für ökologische Wirtschaftsforschung (IÖW): Wir sind so frei – elf Unternehmen lösen sich vom Wachstumspfad, Berlin 2015.

Irrgang, Bernhard: Lehrbuch der evolutionären Erkenntnistheorie. Thesen, Konzeptionen und Kritik, 2. Aufl. München 2001.

Jackson, Tim: Angst essen Seele auf – Escaping the »iron cage« of consumerism, in: Schneidewind, Uwe/Santarius, Tilman/Humburg, Anja (Hg.): Economy of Sufficiency, Wuppertal 2013, S. 53 ff.

Jackson, Tim: Wohlstand ohne Wachstum, München 2011.

Jakob, Michael/Edenhofer, Ottmar: Growth, Degrowth, and the Commons, Oxford Review of Economic Policy 2014, 447 ff.

Janis, Irving: Victims of Groupthink, Boston 1972.

Jensen, Annette/Scheub, Ute: Glücksökonomie, München 2015.

Kahneman, Daniel: Thinking – fast and slow, New York 2011.

Kettner, Matthias: Reflexionen über das Unbewusste. Philosophie und Psychologie im Dialog, Göttingen 2010.

Kivimaa, Paula u. a.: Experiments in Climate Governance – Lessons from a Systematic Review of Case Studies in Transition Research, SPRU Working Paper Series, Sussex 2015.

Klingholz, Reiner: Sklaven des Wachstums. Die Geschichte einer Befreiung, Frankfurt a. M. u. a. 2014.

Klöhn, Lars: Kapitalmarkt, Spekulation und Behavioral Finance, Berlin 2006.

Knill, Christoph: Die Implementation europäischer Umweltpolitik. Der Einfluss nationaler Verwaltungen, Die Verwaltung 2006, S. 61 ff.

Koenig, Matthias: Ambivalenzen der Sakralisierung, in: Große Kracht, Hermann-Josef (Hg.): Der moderne Glaube an die Menschenwürde. Philosophie, Soziologie und Theologie im Gespräch mit Hans Joas, Bielefeld 2014, S. 113 ff.

Konrad, Kai/Zschäpitz, Holger: Schulden ohne Sühne? Warum der Absturz der Staatsfinanzen uns alle trifft, München 2010.

Kristof, Kora: Models of Change. Einführung und Verbreitung sozialer Innovationen und gesellschaftlicher Veränderungen in transdisziplinärer Perspektive, Zürich 2010.

Kuckartz, Udo: Nicht hier, nicht jetzt, nicht ich. Über die symbolische Bearbeitung eines ernsten Problems, in: Welzer, Harald/Soeffner, Hans-Georg/Giesecke, Dana (Hg.): Klimakulturen. Soziale Wirklichkeiten im Klimawandel, Frankfurt a. M. 2010, S. 144 ff.

Kühl, Stefan: Ganz normale Organisationen. Zur Soziologie des Holocaust, Berlin 2014.

Kuhl, Julius: Pendeln um die Goldene Mitte. Glück aus psychologischer Perspektive, Forschung & Lehre 2013, S. 884 ff.

Kuhlmann, Wolfgang: Reflexive Letztbegründung, Freiburg/München 1985.

Lang, Daniel/Rode, Horst/Wehrden, Henrik von: Methoden und Methodologie in den Nachhaltigkeitswissenschaften, in: Heinrichs, Harald/Michelsen, Gerd (Hg.): Nachhaltigkeitswissenschaften, Heidelberg 2014, S. 115 ff.

Latouche, Serge: Es reicht! Abrechnung mit dem Wachstumswahn, München 2015.

Liebe, Ulf/Preisendörfer, Peter: Für oder wider die Natur? Verhaltens- und Orientierungsmuster der Bevölkerung im Umgang mit der Natur, ZfU 2013, 239 ff.

Liedtke, Max: Der Mensch zwischen Gefühl und Verstand – Grenzen und Chancen des rationalen (und nachhaltigen) Verhaltens, in: Korczak, Dieter (Hg.): Die emotionale Seite der Nachhaltigkeit, Kröning 2011, S. 37 ff.

Linz, Manfred: Weder Mangel noch Übermaß. Warum Suffizienz unentbehrlich ist, München 2012.

Löhr, Albert/Burkatzki, Eckhard: Resozialisierung der ökonomischen Rationalität – thematische Einführung, Jahrbuch Ökonomie und Gesellschaft 2015, S. 11 ff.

Lottermoser, Florian: Der reflexive Konsument. Gesellschaftsinteresse im 21. Jahrhundert, Baden-Baden 2014.

Luks, Fred: Die Zukunft des Wachstums. Theoriegeschichte, Nachhaltigkeit und die Zukunft einer neuen Wirtschaft, 2. Aufl. Marburg 2013.

Luks, Fred: Öko-Populismus. Warum einfache »Lösungen«, Unwissen und Meinungsterror unsere Zukunft bedrohen, Frankfurt a. M. 2014.

MacCulloch, Diarmaid: Die Reformation 1490–1700, München 2008.

MacKay, David/Cramton, Peter/Ockenfels, Axel/Stoft, Steve: Price Carbon – I will if you will, Nature 2015, S. 315 ff.

Malthus, Thomas: Das Bevölkerungsgesetz, München 1977.

Mazar, Nina/Zhong, Chen-Bo: Do Green Products Make Us Better People?, Psychological Science 2010, S. 494 ff.

Mead, George Herbert: Geist, Identität und Gesellschaft, Frankfurt a. M. 1978.

Meadows, Dennis u. a.: Die Grenzen des Wachstums, Stuttgart 1972.

Messner, Dirk: A social contract for low carbon and sustainable development. Reflections on non-linear dynamics of social realignments and technological innovations in transformation processes, Technological Forecasting & Social Change 2015, 260 ff.

Meyer, Matthias: Überlegungen zur Rationalität institutionenökonomischer Modelle, in: Aaken, Anne van/Schmid-Lübbert, Stefanie (Hg.): Beiträge zur ökonomischen Theorie im Öffentlichen Recht, Wiesbaden 2003, S. 149 ff.

Milgram, Stanley: Das Milgram-Experiment. Zur Gehorsamsbereitschaft gegenüber Autorität, Reinbek 1982.

Milinski, Manfred/Marotzke, Jochem: Das Klimaspiel. Warum scheitern Klimaverhandlungen?, in: Marotzke, Jochem/Stratmann, Martin (Hg.): Die Zukunft des Klimas. Neue Erkenntnisse, neue Herausforderungen, München 2015, S. 93 ff.

Moreno, Camila/Speich Chassé, Daniel/Fuhr, Lili: Carbon Metrics. Global Abstractions and Ecological Epistemicide, Berlin 2015, https://www.boell.de/sites/default/files/2015-11-09_carbon_metrics.pdf.

Müller, Thomas: Wettbewerb und Unionsverfassung. Begründung und Begrenzung des Wettbewerbsprinzips in der europäischen Verfassung, Tübingen 2014.

Muraca, Barbara: Gut leben. Eine Gesellschaft jenseits des Wachstums, Bonn 2015.

Mußhoff, Oliver/Hirschauer, Norbert: Bereitstellung ökosystemarer Dienstleistungen, Zeitschrift für Umweltpolitik und Umweltrecht 2011, S. 437 ff.

Nagel, Thomas: Geist und Kosmos. Warum die materialistische neodarwinistische Konzeption der Natur so gut wie sicher falsch ist, Berlin 2013.

Neitzel, Sönke/Welzer, Harald: Soldaten. Protokolle vom Töten und Sterben, Frankfurt a. M. 2011.

Nowak, Martin/Highfield, Roger: Kooperative Intelligenz. Das Erfolgsgeheimnis der Evolution, München 2013.

Ostermaier, Ulrike (Hg.): Hochbegabung – Exzellenz – Werte. Positionen in der schulischen Begabtenförderung, Dresden 2011.

Ostrom, Eleanor: Governing the commons. The Evolution of Institutions for Collective Action, Cambridge 1990.

Ott, Konrad: Vier Pfade ins Postwachstumszeitalter, Vorgänge 3/2011, S. 54 ff.

Otto, Daniel: Potenziale und Grenzen von epistemic communities. Eine Analyse des Weltklimarates und der Klimarahmenkonvention, Münster 2015.

Paech, Niko: Befreiung vom Überfluss, München 2012.

Paqué, Karl-Heinz: Wachstum! Die Zukunft des globalen Kapitalismus, München 2010.

Pauen, Michael/Welzer, Harald: Autonomie. Eine Verteidigung, Frankfurt a. M. 2015.

Piaget, Jean: Die Psychologie des Kindes, Olten 1972.

Piketty, Thomas: Das Kapital im 21. Jahrhundert, Bonn 2015.

Prisching, Manfred: Fetisch Wachstum. Die politische Ausweglosigkeit der Steigerungsprogrammatik, Wissenschaft & Umwelt interdisziplinär 2009, S. 136 ff.

Radkau, Joachim: Max Weber. Die Leidenschaft des Denkens, München u. a. 2005.

Radkau, Joachim: Natur und Macht, München 1999.

Reich, Robert: Superkapitalismus. Wie die Wirtschaft unsere Demokratie untergräbt, Frankfurt a. M. u. a. 2008.

Reisch, Lucia/Bietz, Sabine: Zeit für Nachhaltigkeit – Zeiten der Transformation, München 2014.

Rodrik, Dani: Das Globalisierungs-Paradox. Die Demokratie und die Zukunft der Weltwirtschaft, München 2011.

Rosa, Hartmut u. a.: Weil Kapitalismus sich ändern muss, Wiesbaden 2014.

Russell-Smith, Jeremy/Costanza, Robert u. a.: Moving beyond evidence-free environmental policy, Frontiers in Ecology and Environment 2015, S. 441 ff.

Santarius, Tilman: Der Rebound-Effekt. Ökonomische, psychische und soziale Herausforderungen für die Entkopplung von Wirtschaftswachstum und Energieverbrauch, Marburg 2015.

Scheidler, Fabian: Das Ende der Megamaschine. Geschichte einer scheiternden Zivilisation, Wien 2015.

Schellnhuber, Hans Joachim: Selbstverbrennung. Die fatale Dreiecksbeziehung zwischen Klima, Mensch und Kohlenstoff, München 2015.

Schneidewind, Uwe/Singer-Brodowski, Mandy: Transformative Wissenschaft, Marburg 2014.

Schneidewind, Uwe/Zahrnt, Angelika: Damit gutes Leben einfacher wird. Perspektive einer Suffizienzpolitik, München 2013.

Schöb, Ronnie: »Mehr ist besser als weniger«. Glücksforschung in der Ökonomie, Forschung & Lehre 2013, S. 894 f.

Scholz, Roland: Environmental Literacy in Science and Society. From Knowledge to Decisions, Cambridge 2011.

Schreiner, Patrick: Unterwerfung als Freiheit. Leben im Neoliberalismus, 2. Aufl. Köln 2015.

Schubert, Christian: Mehr Psychologie wagen. Warum eine psychologisch informierte VWL gute Argumente gegen staatlichen Interventionismus liefert, 2015, http://wirtschaftlichefreiheit.de/wordpress/?p=18051.

Schulze, Gerhard: Das Steigerungsspiel, Wissenschaft & Umwelt interdisziplinär 2009, S. 166 ff.

Selten, Reinhard: Mit Experimenten geht es besser. Über eingeschränkte Rationalität, Wirtschaftskrise und interdisziplinäres Arbeiten, ZiF-Mitteilungen 1/2011, S. 24 ff.

Sennett, Richard: Der flexible Mensch. Die Kultur des neuen Kapitalismus, Berlin 2006.

Siemer, Stefan: Nachhaltigkeit unterscheiden. Eine systemtheoretische Gegenposition zur liberalen Fundierung der Nachhaltigkeit, in: Ekardt, Felix (Hg.): Generationengerechtigkeit und Zukunftsfähigkeit. Philosophische, juristische, ökonomische, politologische und theologische Neuansätze in der Umwelt-, Sozial- und Wirtschaftspolitik, 2006, S. 129 ff.

Soff, Marianne: Vorsatz, Wille, Bedürfnis – Schlussfolgerungen, in: Korczak, Dieter (Hg.): Die emotionale Seite der Nachhaltigkeit, Kröning 2011, S. 85 ff.

Steinberg, Rudolf: Die Repräsentation des Volkes. Menschenbild und demokratisches Regierungssystem, Baden-Baden 2013.

Stengel, Oliver: Suffizienz. Die Konsumgesellschaft in der ökologischen Krise, München 2011.

Stern, Nicholas: A Blueprint for a Safer Planet: How to manage Climate Change and create a new Era of Progress and Prosperity, Cambridge 2009.

Stoll-Kleemann, Susanne/O'Riordan, Tim/Jaeger, Carlo: The psychology of denial concerning climate mitigation measures: evidence from Swiss focus groups, Global Environmental Change 2001, S. 117 ff.

Stoll-Kleemann, Susanne: Fleischkonsum im 21. Jahrhundert – ein Thema für die humanökologische Forschung, GAIA 2014, S. 366 ff.

Stoll-Kleemann, Susanne/O'Riordan, Tim: The Sustainability Challenges, Environment 3/2014, S. 34 ff.

Sukhdev, Pavan: Corporation 2020. Warum wir Wirtschaft neu denken müssen, München 2013.

Sunstein, Cass/Reisch, Lucia: Automatisch Grün – Verhaltensökonomik und Umweltschutz, Zeitschrift für Umweltpolitik und Umweltrecht 2013, S. 119 ff.

Tomasello, Michael: Eine Naturgeschichte des menschlichen Denkens, Frankfurt a. M. 2014.

Ulfkotte, Udo: Gekaufte Journalisten. Wie Politiker, Geheimdienste und Hochfinanz Deutschlands Massenmedien lenken, Rottenburg 2014.

Voland, Eckart: »Tue Gutes und rede darüber«. Philanthropie – ein evolutionäres Produkt?, Forschung und Lehre 2009, S. 556 f.

Welzel, Christian: Fluchtpunkt Humanentwicklung. Über die Grundlagen der Demokratie und die Ursachen ihrer Ausbreitung, Wiesbaden 2002.

Welzer, Harald: Die smarte Diktatur. Der Angriff auf unsere Freiheit, Frankfurt a. M. 2016.

Welzer, Harald: Klimakriege. Wofür im 21. Jahrhundert getötet wird, Frankfurt a. M. 2008.

Welzer, Harald: Selbst denken. Eine Anleitung zum Widerstand, Frankfurt a. M. 2013.

Wilson, Edward: Der Sinn des menschlichen Lebens, München 2015.

Wilson, Edward: Die soziale Eroberung der Erde, München 2013.

Wissenschaftlicher Beirat globale Umweltveränderung (WBGU): Gesellschaftsvertrag für eine Große Transformation, Berlin 2011.

Wittreck, Fabian: Christentum und Menschenrechte – Schöpfungs- oder Lernprozess?, Tübingen 2014.

Wuppertal Institut: Zukunftsfähiges Deutschland in einer globalisierten Welt, Frankfurt a. M. 2008.

Über den Autor

Felix Ekardt, Jahrgang 1972, Jurist, Soziologe und Philosoph, ist Leiter der Forschungsstelle Nachhaltigkeit und Klimapolitik in Leipzig und Berlin sowie Professor für öffentliches Recht und Rechtsphilosophie an der Universität Rostock und Mitglied des Leibniz-Wissenschaftscampus Phosphorforschung Rostock. Seine Forschungsschwerpunkte sind Bedingungen sozialen Wandels sowie Politik, Recht und Ethik der Nachhaltigkeit. Regelmäßige Beiträge in Radio, Fernsehen und überregionalen Tageszeitungen; Politikberatung zur Energie- und Klimawende und allgemein zu Nachhaltigkeitsthemen auf EU-, Bundes- und Landesebene; zahlreiche Kommissionsmitgliedschaften, Auszeichnungen und Vorträge, etwa auf den Weltkongressen der Rechtsphilosophen, der Rechtssoziologen, der Düngerforscher, der Nachhaltigkeitsforscher und auf dem Weltökosteuerkongress. Im Ehrenamt ist er unter anderem Landesvorsitzender des BUND Sachsen. Persönlich hat er großen Spaß an vegetarischer, saisonaler und regionaler Ernährung, kleinen Wohnungen und einem Leben ohne Führerschein, Urlaubsflüge, Handys, Tablets, Mikrowellen, Spülmaschinen, Trockner und manchen weiteren Ballast der Überflussgesellschaft.

Solidarität statt Imperialismus

Ulrich Brand, Markus Wissen

Imperiale Lebensweise

Zur Ausbeutung von Mensch und Natur in Zeiten des globalen Kapitalismus

oekom verlag, München
224 Seiten, Broschur,
14,95 Euro
ISBN: 978-3-96006-843-0
Im Handel ab dem:
20.03.2017
Auch als E-Book erhältlich

»Die imperiale Lebensweise basiert auf Ungleichheit und Macht und bringt diese gleichzeitig hervor.«

Nach wie vor bedient sich der globale Norden an den Ressourcen des globalen Südens. Was hält das System der Ausbeutung am Leben, wie kann es beendet werden? Das Buch diskutiert Chancen und Herausforderungen einer menschenwürdigen, solidarischen Lebensweise.

oekom.de DIE GUTEN SEITEN DER ZUKUNFT

oekom

Wie sich Zukunft gestalten lässt

Bernd Sommer, Harald Welzer

Transformations-design

Wege in eine zukunftsfähige Moderne

oekom verlag, München
240 Seiten, Broschur,
12,95 Euro
ISBN: 978-3-86581-845-4
Im Handel ab dem:
20.02.2017
Auch als E-Book erhältlich

»Ein spannendes Buch über Zukunftsvisionen und eine Alternativgesellschaft.«

fairkehr

Wie lässt sich eine »Welt des Weniger« gestalten? Harald Welzer und Bernd Sommer präsentieren praxiserprobte Konzepte – von der Gemeinwohlökonomie bis zu den Transition Towns.

oekom.de DIE GUTEN SEITEN DER ZUKUNFT oekom

Wohlstand neu denken

Tim Jackson

Wohlstand ohne Wachstum – das Update

Grundlagen für eine zukunftsfähige Wirtschaft

oekom verlag, München
ca. 256 Seiten, Klappenbroschur, 17,95 Euro
ISBN: 978-3-86581-840-9
Im Handel ab dem: 18.04.2017
Auch als E-Book erhältlich

»Unsere gesamte Wirtschaftsordnung baut auf ewigem Wachstum auf – nun brauchen wir einen anderen Motor.«

Was können wir gegen Ungleichheit tun? Wie in Wohlstand leben, ohne ökologische Grenzen zu ignorieren? Das komplett neu bearbeitete Grundlagenwerk der Wachstumskritik gibt aktuelle Antworten auf die drängendsten Fragen unserer Zeit.

oekom.de DIE GUTEN SEITEN DER ZUKUNFT

oekom